Wilhelm Otto Deutsch

Behüteter, als wir ahnen

Wilhelm Otto Deutsch

Behüteter, als wir ahnen

Nachdenkliches aus dem Alltag für den Alltag

Fromm Verlag

Impressum/Imprint (nur für Deutschland/ only for Germany)
Bibliografische Information der Deutschen Nationalbibliothek: Die Deutsche Nationalbibliothek verzeichnet diese Publikation in der Deutschen Nationalbibliografie; detaillierte bibliografische Daten sind im Internet über http://dnb.d-nb.de abrufbar.

Coverbild: www.ingimage.com

Contact:
International Book Market Service Ltd., 17 Rue Meldrum, Beau Bassin, 1713-01 Mauritius
Website: www.bookmarketservice.com
Email: info@bookmarketservice.com

Gedruckt in: USA, UK, Deutschland. Dieses Buch wurde nicht in Mauritius produziert.

Imprint (only for USA, GB)
Bibliographic information published by the Deutsche Nationalbibliothek: The Deutsche Nationalbibliothek lists this publication in the Deutsche Nationalbibliografie; detailed bibliographic data are available in the Internet at http://dnb.d-nb.de.

Cover image: www.ingimage.com

Contact:
International Book Market Service Ltd., 17 Rue Meldrum, Beau Bassin, 1713-01 Mauritius
Website: www.bookmarketservice.com
Email: info@bookmarketservice.com

Printed in: U.S.A., U.K., Germany. This book was not produced in Mauritius.

ISBN: 978-3-8416-0190-2

Vorwort

Diese Sammlung von kleinen Geschichten, Erfahrungen und Gedanken enthält Rundfunkandachten, die in der Zeit von 1985 bis 2011 vom Deutschlandfunk bzw. vom Saarländischen Rundfunk als *Glauben heute*, *Innehalten* (SR 2 und SR 3), *Zwischenrufe (*SR 1) oder Fernsehkommentar *Christliche Sicht* (SR-Fernsehen) gesendet wurden. Sie sind von mir für diese Veröffentlichung geringfügig überarbeitet worden. Die Aktualität der Ereignisse, von denen manche Sendungen ausgehen, bezieht sich auf den Zeitraum der ursprünglichen Sendung.
Die Tatsache, dass ich mehrere Jahre in den USA gelebt und studiert habe, ist der Grund dafür, dass viele Anstöße zu weiterführenden Überlegungen aus diesem Kontext stammen.
Hermann Preßler vom Ev. Rundfunkreferat Saarbrücken danke ich für die Abdruckgenehmigung. In besonderer Weise danke ich meiner Frau Elizabeth für ihre Begleitung und Beratung sowie ihr aufmerksames Gegenlesen.

Saarbrücken, im September 2011 — Wilhelm Otto Deutsch

For Becky

Inhalt

Aus dem *Struwwelpeter*

Unser Zuhause

Auf Vögel hören

Der Spatz

Wir hören sie fast jeden Morgen – vielleicht schon im Bett, kurz vor dem Aufstehen. Oder wenn wir ins Auto steigen. Man kann ihnen kaum entgehen. Wir hören sie, auch wenn wir sie selten bewusst wahrnehmen. Sie treten meistens scharenweise auf. Vielleicht werden sie auch deshalb so gering geschätzt. Als ich ein Kind war, war es durchaus akzeptabel, auf sie mit einem Luftgewehr oder mit der Schleuder zu schießen. Bei anderen Vögeln wäre das ein Sakrileg gewesen.
Sie gelten ja nicht gerade als schön. Eher als „gemein“ und „dreckig“. Und frech und aufdringlich. Trotzdem übersehen und überhören wir sie, weil wir sie so gering achten: Sie „singen“ ja nicht wirklich, sie sehen auch nach nichts aus.

Jesus wusste um diese Geringschätzung. Und trotzdem – oder gerade deshalb – verweist er auf sie in einem seiner Gleichnisse:
„Kauft man nicht fünf Spatzen für zwei Groschen? Und doch denkt Gott an jeden einzelnen von ihnen! Ihr braucht also keine Angst zu haben: Wenn Gott schon auf die Spatzen, von denen wir alle nicht viel halten, so sorgfältig achtet – wie viel mehr dann auf euch, denen seine Verheißungen gelten“ (vgl. Luk 12, 6-7).

Ich wünsche Ihnen einen Tag ohne Angst.

Die Lerche

Die Lerche ist einer der ganz wenigen Vögel, die *beim Fliegen* singen. Andere Singvögel können beim Fliegen wohl zetern oder Warnrufe ausstoßen, aber die Lerche macht *Musik* im Flug. Bei ihrem Tirillieren hebt sie förmlich ab und schraubt sich über den Wiesen und Feldern immer höher in den Himmel. Häufig hören wir zwar ihren Gesang, aber wir suchen sie vergeblich, weil sie zu hoch und für unsere Augen zu klein über uns kreist. Bald werden wir sie vielleicht nicht einmal mehr *hören* – sie gilt als eine vom Aussterben bedrohte Art.

In der Novelle von Gottfried Keller „Romeo und Julia auf dem Dorfe", die – wie das entsprechende Drama von Shakespeare – eigentlich tragisch endet, gibt es eine hübsche Passage:

Die beiden jungen Leute liegen im Gras und lauschen der Lerche über sich. Und dann vereinbaren sie: Wer von beiden als erster die Lerche entdeckt, darf den andern küssen. (Damals brauchte man als Verliebter offensichtlich noch so einen Vorwand!). Sie können sich vorstellen, wie oft diese Lerche da gesichtet wurde. Als sei an diesem Nachmittag ein ganzer Lerchenschwarm über dieser Wiese unterwegs gewesen – was im wirklichen Leben gar nicht vorkommen kann, weil Lerchen notorische Einzelgängerinnen sind.

Heute sind wir hoffentlich ein bisschen weiter: Wir brauchen nicht mehr zu warten, bis wir eine Lerche sehen, um dem Menschen, den wir lieben, einen Kuss zu geben!

Ich wünsche Ihnen einen liebevollen Tag.

Der Buchfink

„Wenn ich ein Vöglein wär‘ und auch zwei Flügel hätt‘ “ – möcht’ ich kein Buchfink sein! Rein äußerlich sieht das Buchfinkenmännchen zwar bunter und reizvoller aus als das Weibchen, das vor allem grau oder höchstens olivgrau ist. Aber was der Buchfink *singt* – und wie bei den meisten Singvögeln singt nur das Männchen – lädt nun wirklich nicht ein, es ihm nachtun zu wollen: Er singt immer dasselbe, den ganzen Tag lang. Man spricht bei ihm sogar nicht einmal davon, dass er *singt*, sondern – er „schlägt“: Seine typische Äußerung ist der „Finkenschlag“.
Ich habe manchmal auch mit Menschen, die immerzu und sehr eintönig dasselbe sagen, meine Schwierigkeiten. Es gibt Menschen, die reden häufig in Formeln und Floskeln: Man weiß manchmal nicht, was sie wirklich meinen oder fühlen. So wie der Buchfink: Der gibt bei Regen und bei Sonnenschein, am Morgen, wenn er aufwacht, und am Abend, wenn er müde wird, das ewig gleiche Motiv von sich – so als ob er seine wahre Befindlichkeit dahinter verbergen wolle.
Ihm kann ich das natürlich nicht vorhalten: Er ist halt so und muss nicht vor dem Urteil von uns Menschen bestehen. Aber für zwischenmenschliche Kommunikation kann er kaum als Vorbild dienen. Sie lebt davon, dass wir Formeln und Floskeln hinter uns lassen.

Ich wünsche Ihnen einen Tag mit guten Gesprächen.

Die Nachtigall

Dem Gesang der Nachtigall hat im Abendland immer der Ruf des ganz Besonderen, des Zauberhaften angehangen. Sie singt häufig zu einer Tageszeit, wenn andere Vögel längst schlafen gegangen sind: des Nachts.
In Shakespeares Drama „Romeo und Julia“ diskutieren in der berühmten Balkonszene die beiden Protagonisten, ob der Vogel, den sie gerade gehört haben, die Nachtigall oder die Lerche sei. Ist es die Lerche, der Morgenvogel, müssen sie sich bald trennen. Ist es hingegen die Nachtigall, haben sie noch Zeit: Die Nachtigall verheißt anhaltende Dunkelheit und damit Schutz vor dem Entdecktwerden.
Für Hans-Christian Andersen war sie sogar so etwas wie eine Lebensretterin: In seinem Märchen „Die Nachtigall“ singt sie am Sterbebett des chinesischen Kaisers so wunderschön, dass der Tod, der schon am Fuß des Bettes bereit steht, Heimweh nach seinem Garten, dem Friedhof, bekommt und sich auf und davon macht. Und der Kaiser kehrt ins Leben zurück.
Für Martin Luther war der Gesang der Nachtigall der Inbegriff der Musik in der Schöpfung. In seinem Lied „Die beste Zeit im Jahr ist mein“ heißt es: Vor allen anderen Vögeln macht die Nachtigall „alles fröhlich überall mit ihrem lieblichen Gesang“.
Wir hören sie heutzutage leider nur noch selten. Unsere Zivilisation raubt ihr ihre Lebensräume. Aber die Erinnerung an ihren Gesang kann uns daran erinnern: Haben wir nicht Anlass zuhauf, fröhlich zu sein?

Ich wünsche Ihnen einen fröhlichen Tag.

Die Schwalbe

Im Frühjahr kehren die Schwalben aus dem Süden zurück, wo sie den Winter verbracht haben. Eine Schwalbe macht zwar noch keinen Sommer, aber an den Wanderbewegungen der Schwalben können wir einiges über die Jahreszeiten ablesen: Fliegen die Schwalben im Herbst früh in den Süden, haben wir mit einem langen Winter zu rechnen; kommen sie früh zurück, fängt der Sommer früher an. Sie haben ein wunderbares Gespür dafür.

Aber mehr noch als eine Voraussage über die Jahreszeiten lesen wir am Flugverhalten der Schwalben das *Wetter* ab: Fliegen sie hoch, ist mit schönem Wetter zu rechnen; fliegen sie tief, ist der Luftdruck niedrig und es gibt vermutlich bald Regen.

Als Zugvogel ist die Schwalbe eigentlich ein Naturwunder. Dieser zierliche Vogel schafft bei seinen Wanderbewegungen jedes Mal Tausende von Kilometern, um sein Winterquartier südlich der Sahara und dann im Frühjahr punktgenau wieder die europäische Heimat zu erreichen. Er weiß *wann,* und er weiß untrüglich *wohin.* Und zuhause ist er in beiden Kontinenten.

Wir haben uns daran gewöhnt und wundern uns kaum noch darüber. Aber wir sind nicht die ersten: Schon die Propheten in der Bibel stellten fest, dass die Menschen ihrer Zeit offenbar kaum auf das Verhalten der Schwalben achteten und daraus für sich selbst auch keine Konsequenzen zogen: „Alle Zugvögel halten sich an die Zeiten, die ich ihnen bestimmt habe, spricht Gott: Der Storch…und die Schwalbe. Nur mein Volk hält sich nicht an die Ordnungen, die ich ihm gegeben habe“ (Jer 8,7).

Ich wünsche Ihnen einen aufmerksamen Tag.

Der Zaunkönig

Der „Vogel des Jahres 2004“, der Zaunkönig: Er ist der kleinste unter den europäischen Singvögeln, zählt aber zu den weltbesten Sängern. Er stammt übrigens gar nicht aus Europa, sonder ist, als es noch eine Landbrücke zwischen Sibirien und Alaska gab, aus Amerika eingewandert. Dort gibt es heute noch 50 verschiedene Arten, bei uns nur die eine, die man selten zu sehen bekommt. Der Zaunkönig ist nämlich scheu und versteckt sich gern im dichten Gebüsch. Das rettet ihm sicher oft das Leben. Einmal hat es ihn sogar zum König der Vögel gemacht. Jedenfalls erzählt uns das die alte Fabel:
Da stritten die Vögel, wer denn ihr König sein sollte. Nach langer Debatte einigten sie sich darauf, dass der es sein sollte, der am höchsten fliegen könne. Alle – außer den Straußen und den Hühnern – erhoben sich also in die Luft, und schließlich war es der Adler, der immer noch höher und höher stieg. Nachdem er alle anderen weit unter sich gelassen hatte, stieß er einen Triumphschrei aus: „Ich habe gesiegt, ich bin euer König!“ „Denkste“, tönte es da auf einmal aus seinem Gefieder, wo sich der Zaunkönig bis dahin versteckt hatte. Der krabbelte jetzt heraus und stieg mit unverbrauchter Kraft noch einmal deutlich höher als der Adler. So wurde er also König, muss sich aber, weil er sich dabei eines Tricks bedient hatte, bis heute vor den anderen verstecken.

Jesus hat einmal gesagt: „Seid klug wie die Schlangen und ohne Falsch wie die Tauben!“ (Matth 10, 16) Er hätte auch hinzufügen können: „Und pfiffig wie der Zaunkönig. *Nutzt* eure Kleinheit und eure Schwachheit, statt über sie zu lamentieren!“

Ich wünsche Ihnen einen zaunköniglichen Tag.

Die Amsel

Mit dem Gesang der Amsel zieht der Frühling in unseren Garten und in unsere Herzen ein. Lange bevor morgens die Sonne aufgeht, kündigt die Amsel sie an: Sie „weckt das Morgenrot“ (Ps 57,8). Sie singt im Dunkeln und verheißt uns das Ende der Dunkelheit.
Ihr Melodienreichtum ist schier unerschöpflich. Sie erfindet ständig neue Kombinationen, sie hat kein festgelegtes Muster wie andere Vögel – der Buchfink zum Beispiel. Sie ist ein schöpferischer Vogel. Kein Wunder, dass Liederdichter sie in Verbindung mit dem Anfang der Schöpfung gebracht haben. In dem Morgenlied „Morning has broken“ heißt es. „Blackbird has spoken like the first bird“ – auf Deutsch: „Die Amsel hat gesungen wie der allererste Vogel“. Im Gesang der Amsel hören wir das Echo und den Zauber des Anfangs.
Menschen haben sich immer wieder Gedanken über den Zweck des Vogelgesangs gemacht. Wollen die Vögel damit ihr Territorium markieren? Oder werben die Amselmännchen – nur sie singen ja – mit ihrem Gesang um die Weibchen? Die Vermutung von Joachim-Ernst Berendt, einem Musiker und Mystiker, gefällt mir am besten: „Das Singen hat für die Amsel genau den gleichen Zweck wie für uns Menschen – nämlich: ‚schöne Musik‘ zu machen. Zu jubilieren, zu preisen, zu lobsingen, fröhlich zu sein, das Fest des Lebens zu feiern: Nahrung für die Seele derer, die sie hören…“[1]

Ich wünsche Ihnen heute Nahrung für Ihre Seele.

[1] Joachim-Ernst Berendt, *Das Dritte Ohr. Vom Hören der Welt*, rororo 8414, Hamburg 1988

Handys und Hände

Nicht immer erreichbar

Ich stehe an der Ampel und warte auf Grün. Von hinten spricht mich einer an: „Hallo, wie geht's?“ Ich drehe mich um. Er hat aber gar nicht mich gemeint, sondern spricht in sein Handy. Er nutzt die Zeit, während wir auf Grün warten, um sich irgendwo in Erinnerung zu bringen.

Vielleicht aber auch, um sich sichtbar zu machen. Für mich und andere. Weil man in der Stadt leicht übersehen wird und in der Masse verschwindet. Es soll ja mal Autotelefone gegeben haben, die bloße Attrappen waren – nur, damit man von außen beim Telefonieren beobachtet werden konnte. Und Agenturen gibt es, bei denen man einen Anruf bestellen kann: Man sitzt in irgendeinem Lokal und lässt sich zu einem bestimmten Zeitpunkt von solch einer Agentur anrufen. Dann ist man jemand. Jemand wichtiges. Jemand, der immer erreichbar sein muss.

Vielleicht steckt ja hinter diesen öffentlichen Telefoninszenierungen bloße Wichtigtuerei. Vielleicht aber auch das Gefühl eines Bedeutungsverlustes, wenn nicht dauernd jemand etwas von einem will. Oder das Gefühl, dass einem irgendwas entgeht, wenn man nicht ständig erreichbar ist.

Zum Glück lassen sich Leute noch nicht in unseren Gottesdiensten anrufen. Und auch im Theater oder Konzertsaal gehen die Handys wohl eher aus Versehen los – weil man vergessen hatte, sie abzustellen. Es gibt eben noch Zeiten und Orte, wo man mal nicht erreichbar sein will. Und das ist auch gut so.

Man kann ja nicht immer für andere zur Verfügung stehen. Unsere Gottesdienste und unsere Sonntage als Nicht-Werktage sind eine notwendige Erinnerung daran: dass wir unseren Wert in uns selbst haben und nicht in unserer Verfügbarkeit für andere.

Ich zeige es Mama!

Ich bin eigentlich aus dem Alter raus. D. h. meine *Kinder* sind aus dem Alter raus, und so kann ich heute mit einer gewissen Gelassenheit zusehen, wenn junge Eltern sich mit ihren Kindern im Trotzalter abmühen – und zwar genauso vergeblich, wie wir das damals getan haben. Aber auch das ist heute nicht einfach dasselbe.

Da erlebe ich mit, wie ein Kind sich im Kaufhaus auf den Boden wirft und wütend schreit, weil sein Vater das gewünschte Spielzeug nicht kaufen will. Alle Überredungsversuche fruchten nichts. Und als der Vater dann das Kind mit der Hand einfach mitzuziehen versucht, wird das Weinen nur noch lauter.

Als nun anscheinend gar nichts mehr geht, zieht der Vater schließlich sein Handy aus der Tasche, richtet das Kameraobjektiv auf das Kind und sagt ruhig, aber bestimmt: „Wenn du nicht jetzt sofort aufstehst und mitkommst, mach ich ein Bild von dir und schicke es direkt Mama ins Büro!“ Das Kind steht auf und geht mit.

War es der drohende Hinweis auf Mama, der das Kind einlenken ließ? So wie früher unsere Mütter drohten: „Warte, wenn Papa nach Hause kommt!“ Oder war es der Einsatz der Technologie? Vielleicht war da ja gar keine *Drohung* im Spiel, sondern nur eine *Ablenkung* mit einem reizvollen Medium.

Ich kann das nicht beurteilen. Ich will auch den Vater nicht beurteilen. Ich bewundere aber seine Fantasie. Ich wünsche sie mir in ähnlichen Situationen auch. Als dreifacher Opa komme ich nämlich demnächst selbst auch wieder in dieses Alter!

Das wirkliche Problem

In den letzten Jahren sind wiederholt Studien angestellt worden, ob die Strahlung, die von einem Handy ausgeht, für Menschen gefährlich sei. Wie es bisher aussieht, erhöht das Telefonieren mit dem Handy weder unser Krebsrisiko noch führt es unmittelbar zu Schlafstörungen oder Kopfschmerzen. Allerdings kennen wir natürlich noch nicht die Langzeitwirkung auf Kinder und Jugendliche. Aber immerhin: Es sieht so aus, als sei unser *Gehirn* nicht bedroht. Aber was ist mit unsern *Nerven*?

Da saß ich im Großraumwagen des ICE. Zwei Reihen vor mir telefonierte eine junge Frau sehr erheitert und gut hörbar. Nur: *verstehen* konnten wir sie nicht, weil sie in einer fremden Sprache redete. Ich versuchte vergeblich, mich in mein Buch zu vertiefen. Auf der anderen Seite von der Frau wurde es einer Nachbarin schließlich zu bunt. Sie beugte sich über den Mittelgang und sagte: „Hören Sie mal, ich kann Ihr ganzes Gespräch mithören!“ Die Telefonierende unterbrach ihren Redestrom und muss ihre Nachbarin ziemlich befremdet angestarrt haben. Denn diese fügte, quasi entschuldigend, hinzu: „Natürlich *verstehe* ich kein Wort!“ Darauf die Handy-Frau auf Deutsch: “Aber meine Freundin!“ Und redete fröhlich in der anderen Sprache weiter.

So etwas passiert nicht nur in einem vollbesetzten Zug. Aber da kann man besonders schlecht ausweichen. Wir brauchen keine Studien, um festzustellen, dass so ein Verhalten anderen auf die Nerven geht. *Was* wir brauchen, ist die *Sensibilität* dafür, wie unser Verhalten sich auf andere auswirkt.

Die meisten von uns stehen doch morgens vor dem Spiegel und fragen sich: „Wie wirke ich?“ Nämlich: auf andere. Wir sollten diese Frage nicht auf unser *Aussehen* beschränken.

Gesamtkunstwerk

An amerikanischen High Schools begrüßen sich die Jugendlichen morgens immer häufiger mit einer *Umarmung*. Bislang sagten sie „Hi“ zueinander, lächelten sich an, winkten sich zu – jetzt umarmen sie sich. Und in den Pausen geht es weiter. Und würde es wahrscheinlich auch während des Unterrichts, wenn die Lehrer das nicht unmissverständlich unterbinden würden. Die Umarmung ist tatsächlich das liebste Begrüßungsritual unter amerikanischen Teenagern. Das hat in der amerikanischen Kultur, die bislang ein eher reserviertes Verhältnis zur Körperlichkeit hatte, schon fast eine revolutionäre Bedeutung.

Als ich in den 60er Jahren Student in Amerika war, gab man als Mann einer Frau bei einer Erstbegrüßung niemals die Hand; man nickte ihr freundlich zu. Man kennt das auch aus alten Hollywood-Filmen. Berührung war verpönt.

Die Jugendlichen, die sich da heute umarmen, sind dieselben Jugendlichen, die den Rest der Zeit – also wenn sie nachmittags oder am Wochenende zuhause sind – vornehmlich über elektronische Medien miteinander kommunizieren: über Handy, SMS, E-Mail, Twitter, Skype, Facebook und was es sonst noch alles so gibt. Das sind alles Umgangsformen, in denen die konkreten Personen, die daran teilhaben, nur noch durch Medien vermittelt in Erscheinung treten. In denen Gesichter und Körper, also die wirklichen beteiligten Personen, nur noch eine zweitrangige Rolle spielen.

Ich könnte mir vorstellen, dass die Teenager die intensiven Körperkontakte, die die Umarmungen ihnen ermöglichen, als Ausgleich für diese körperlose Kommunikation brauchen. Wir Menschen *haben* eben nicht nur einen Körper, wir *sind* Körper. Kommt der zu kurz, kommt der ganze Mensch zu kurz. Wir sind ein „Gesamtkunstwerk“ Gottes, das sich nicht in seine Einzelteile aufteilen lässt.

Auf der Straße

Rote Ampel

Wenn ich es eilig habe und vor einer roten Ampel anhalten muss, dann steht zwar mein Auto still, aber die Zeit rennt davon: 30 Sekunden werden zu gefühlten drei Minuten. Als Fußgänger kann ich im Notfall schon mal schummeln und, wenn kein Auto kommt, auch bei Rot rübergehen (ich hoffe, jetzt hören keine Kinder zu!). Aber das geht natürlich nicht, wenn ich selbst in einem Auto sitze: „Nun mach schon“, sage ich, obwohl mich niemand hören kann. Die Ampel schon gar nicht.

Dabei hat die rote Ampel eigentlich, wenn ich es mir recht überlege, eine geradezu *entlastende* Funktion. Sie hält mich ja nicht nur auf, sie sorgt auch für meine Sicherheit. Und die all der anderen, die auch über diese Kreuzung wollen. An Kreuzungen ohne Ampel muss ich am Stopp- oder Vorfahrtsschild *selbst* sicherstellen, dass niemand aus der anderen Richtung kommt. Und manchmal, wenn man aus einer Neben- in eine Hauptstraße einbiegt, verstellen einem am Straßenrand geparkte Wagen die Sicht. Man fährt dann auf gut Glück los. Mit der bekannten Schrecksekunde, wenn dann doch jemand kommt.

Die rote Ampel regelt das für mich – zum Glück. Ich mag manchmal das Gefühl haben, sie sei „*gegen* mich“, weil sie mich in meinem Bewegungsdrang behindert – aber in Wirklichkeit ist sie *für* mich. Sie entlastet mich: Ich muss jetzt nichts entscheiden, ich kann mich eigentlich *entspannen.*

Vermutlich gilt das in ähnlicher Weise auch für andere Regeln, Gebote und Verbote im Leben: Sie entlasten mich auch. Ich muss nicht jedes Mal neu entscheiden „Soll ich oder soll ich nicht – und was passiert, wenn...?“ Das gilt in besonderer Weise für solche Regeln wie die Zehn Gebote. In ihnen haben sich generationenlange Erfahrungen niedergeschlagen. Und weil sie so *wichtig* für unser Zusammenleben mit anderen waren, hat man gesagt: Sie kommen von Gott.

Langsam fahren

Seit wir in unserem Auto einen „Navi“ haben, teilt uns eine weibliche Stimme mit: „Sie haben Ihr Ziel erreicht“, wenn wir die gesuchte Adresse gefunden haben. Früher war das anders: Da sagte einem niemand, wo's lang ging, und wir mussten, wenn wir uns nicht auskannten, langsam fahren und selbst nach den Straßennamen und Hausnummern Ausschau halten.

Vermutlich hat das die Leute, die da hinter uns ebenso langsam fahren mussten, wenn sie uns nicht überholen konnten, gereizt. Oder genervt. Nicht selten ertönte dann schon mal ein ungeduldiges Hupen. Ich merke heute, dass ich *selbst* ungeduldig werde, wenn vor mir einer deutlich *unter* der Höchstgeschwindigkeit durch den Ort fährt – „kriecht“, wie ich das dann nenne – und *ich* es natürlich eilig habe. Heute sind das seltener Fahrer und Fahrerinnen, die nach einer Hausnummer Ausschau halten, als vielmehr ältere Menschen, die einfach eine Geschwindigkeit wählen, bei der sie sich sicher fühlen.

Eigentlich müsste ich das begrüßen, dass Menschen ihre eigene Reaktionsfähigkeit so realistisch einschätzen und sich entsprechend verhalten. Denn es dient ja der allgemeinen Sicherheit – also auch meiner. Stattdessen aber werde ich ungeduldig, weil ich selbst, wenn ich hinter ihnen fahre, *auch* gezwungen bin, langsamer zu fahren, als ich *möchte* oder von Rechts wegen *dürfte.*

Es geht ja meistens nur um ein oder zwei Minuten. Wenn ich dadurch etwa irgendwo zu spät komme, liegt es in der Regel an meiner eigenen, zu knappen Zeitplanung – und nicht am Langsamfahren der anderen. Ich brauche da mehr Toleranz: Wenn andere vorsichtig fahren, dann sollte ich nicht auf mein vermeintliches Recht pochen. Sie tun das für mich mit.

Straßentheater

Leute auf der Straße. Zum Beispiel solche, die buchstäblich auf der Straße leben. Die in den Einkaufsstraßen sitzen, mit einem Becher oder einem kleinen Karton vor sich; manchmal liegt ein Hund dicht neben ihnen. Manche haben ein Schild aufgestellt, auf dem sie uns mitteilen, warum sie hier sitzen: Arbeitslosigkeit, Wohnungslosigkeit, AIDS-Infektion. Manche teilen uns gar nichts mit; sie hoffen vermutlich darauf, dass ihr Anblick für sich selbst spricht.

Die dort sitzen, sind in der Regel nicht die Ärmsten der Armen. Die Ärmsten der Armen bekommen wir selten so zu Gesicht. Zu ihrer Armut gehören auch die Scheu und die Hilflosigkeit. Die auf der Straße sitzen, haben wenigstens den Mut und manchmal auch die Fähigkeit zur Selbstinszenierung. Ich bin sicher, dass viele von denen, die dort sitzen, uns etwas vormachen. Aber sie machen es häufig so gut, dass ich mir nie ganz sicher bin, ob ich jetzt dem wirklichen Leben begegne oder einem Stück Straßentheater.

Das fällt mir leichter bei den Punks, die uns statt mit „Guten Tag“ mit „Hastema-nen-Euro?“ begrüßen. Man kann sich darüber ärgern; man kann ihnen auch Geld geben, damit sie einen in Ruhe lassen. Man kann ihren Auftritt aber auch als ein mehr oder weniger gelungenes Straßentheater verstehen, bei dem die Akteure versuchen, das Publikum einzubeziehen. Die Entscheidung, ob ich mitspiele, ist dann meine Sache.

Zu einigen von denen, die vor den Geschäften sitzen, habe ich mich gelegentlich hingehockt, um sie nach ihrer Geschichte zu fragen. Einer schien nur darauf gewartet zu haben, dass ihn mal endlich jemand ansprach; ein anderer gab sich eher misstrauisch: Er fühlte sich vielleicht ausgehorcht.

Die dort auf der Straße sitzen, sind so unterschiedlich und individuell wie wir. Sie passen nicht alle in eine Schublade. Und bei allem Theater könnte immer einer darunter sein, der einer unserer „geringsten Brüder“ ist, wie Jesus sie nannte (Matth 25, 40).

In der Kirche

Die Liebesbriefe unserer Eltern

Falls Sie sonntags in einen Gottesdienst gehen, werden Sie erleben, dass an mindestens zwei, wenn nicht drei Stellen im Gottesdienst Texte aus der Bibel vorgelesen werden. In manchen Kirchen werden diese Lesungen durch kurze Einleitungen begleitet, die etwas über den Verfasser, die Adressaten oder die Situation, in der dieser Text entstanden ist, sagen. In manchen Kirchen wird der Text aber auch so unvermittelt gelesen, als sei er direkt für die heutigen Hörer und Hörerinnen, die da in der Kirche sitzen, bestimmt.

Da tut es gut, sich zu erinnern: Die Bibel ist *nicht für uns* geschrieben. Die Briefe des Paulus sind an Menschen in Rom und Philippi im ersten Jahrhundert nach Christus geschrieben, nicht aber an Menschen in Saarbrücken, Neunkirchen oder Saarlouis im 21. Jahrhundert. Schon die Tatsache, die auf den Kanzeln und an den Ambos meistens verschwiegen wird, dass nämlich die Bibel nicht auf Deutsch, sondern Hebräisch, Aramäisch und Griechisch geschrieben ist und übersetzt, also *interpretiert* werden muss, unterstreicht diesen Sachverhalt.

Im Weißen Haus in Washington hatte sich während der Präsidentschaft von George W. Bush eine Gruppe von Fundamentalisten eingenistet, die täglich Bibelstunden hielten und davon ausgingen, dass die Bibel für uns heute geschrieben sei. Und dass man in den prophetischen Büchern der Bibel Aufschluss über Gottes Plan für uns heute finden könne. Und daraus schlossen sie dann zum Beispiel, dass Gott den Staat Israel wieder herstellen wolle in den Grenzen des davidischen Großreiches. Das steht da ja, immer wieder. Also muss es auch heute gelten.

Die Bibel darf aber nicht eins-zu-eins auf heute übertragen werden. „Es gibt nur zwei Arten, die Bibel zu lesen: Entweder man versteht sie wörtlich, oder man nimmt sie ernst", sagte der jüdische Theologe Pinchas Lapide einmal. Wenn Sie also sonntags in der Kirche Bibeltexte vorgelesen bekommen, denken Sie daran: Es ist wie mit den Liebesbriefen Ihres Vaters an Ihre Mutter. Wenn Sie diese im Nachlass Ihrer Eltern erben, dann wissen Sie: Sie sind nicht für *Sie* geschrieben, aber sie *betreffen* Sie (weil Sie ja aus dieser Verbindung hervorgegangen sind). So ist es auch mit den Bibeltexten: Sie sind nicht für uns geschrieben, aber haben mit uns zu tun, weil wir sozusagen zu den Kindern und Enkeln der biblischen Zeugen zählen. Und sie verdienen es, mit wachem und kritischem Verstand gelesen zu werden.

Nicht vom Geld allein

Wie merkt man eigentlich, ob man zu einer Kirche gehört oder nicht? Ich meine nicht, wie die Nachbarn oder die Arbeitskollegen das mitkriegen – es ist ja wohl nur selten ein Gesprächsthema – sondern: Wie erlebt die betreffende Person das selbst?

Nun gut: Hat sie Einkommen, wird sie Kirchensteuern bezahlen. Sie kann Taufpate werden, kirchlich heiraten und kirchlich bestattet werden. Und ab und zu wird sie vielleicht – was allerdings statistisch eher selten ist – zu einem Gottesdienst in die Kirche gehen.

Das sind alles *äußere* Rahmendaten; wie die *innere* Identifizierung mit der Kirche aussieht, ist damit noch gar nicht gesagt. In der Regel aber geht man davon aus, dass jemand, der regelmäßig die Kirchensteuer bezahlt, sich also die Sache was kosten lässt, auch Mitglied der Kirche ist, an die dies Geld geht.

Nun hat vor einiger Zeit eine Frau einen Prozess mit der katholischen Kirche geführt. Sie hatte 30 Jahre lang Kirchensteuern an diese Kirche gezahlt, führte jetzt aber vor Gericht an, dass sie nie Mitglied der katholischen Kirche sein wollte. Sie habe die Steuern nur ihren Schwiegereltern zuliebe bezahlt. Und jetzt erhob sie Widerspruch gegen die Veranlagung zur Kirchensteuer.

Sie hatte Erfolg: Das Gericht entschied, dass die Kirche ihr die Kirchensteuer wenigstens für ihr letztes Berufsjahr zurückzuzahlen habe.

Ich kenne die Begründung dieses Urteils nicht, kann daher also wenig dazu sagen. Allerdings halte ich die Begründung der Frau für ihre 30jährige Scheinmitgliedschaft für wenig überzeugend: „ihren Schwiegereltern zuliebe“. Oder – vielleicht aus Angst vor ihnen? Auch eine Kirche kann an derart motivierten Kirchensteuern nicht interessiert sein. So sehr die kirchlichen Finanzen ins Wanken geraten sind: Auch die Institution Kirche hat nur eine Zukunft, wenn sie in den *Herzen* der Menschen verankert ist.

Unheiliger Rock

Seit 600 Jahren finden in der englischen Grafschaft York alle vier Jahre die sogenannten „Mysterienspiele“ statt, die es auch bei uns im Mittelalter gegeben hat. Im Unterschied nun zu unseren Passionsspielen wie in Oberammergau oder – mehr in unserer Nähe – in Bubach-Calmesweiler spielt in diesen englischen Mysterienspielen *Gott selbst* mit. Und vor einigen Jahren sollte Gott zum ersten Mal in der Geschichte dieser Spiele von einer Frau gespielt werden.
Der Protest von oben blieb nicht aus – nicht von *ganz oben,* aber doch immerhin aus dem Haus des Erzbischofs von York. Von dort hieß es in einer Verlautbarung: „Die Theaterleute können ja machen, was sie wollen. Aber die Bibel spricht nun mal von Gott mit männlichen Begriffen und Bildern, und wir sollten darin der Bibel treu bleiben. Wir sind nach Gottes Bild gemacht – und nicht umgekehrt!“
Dagegen hielten die Leute vom Theater: „Gott ist in diesem Stück eine Figur, die Mitleid, Stärke und das Potential für großen Zorn in sich vereint. Die Frau, die wir für diese Rolle ausgesucht haben, hat alle diese Qualitäten. Und das ist entscheidend.“
Sie selbst hielt verständlicherweise diese Rolle für die größte Herausforderung ihres Lebens. Und für sie war Gott nicht durch ein spezifisches Geschlecht charakterisiert.
Uns mag diese Debatte heute ein wenig antiquiert erscheinen, gilt doch bei uns als ausgemacht, dass Gott weder männlich noch weiblich, sondern Geist ist. Aber die Bilder und Begriffe, mit denen wir von Gott sprechen, sind auch bei uns immer noch überwiegend, wenn nicht ausschließlich, männlich. Nur die wenigsten beten „Mutter unser“, und auf dem Theater, im Prolog zu Goethes *Faust*, steht dem charmanten Teufel immer ein alter *Mann* gegenüber. Gott trägt auch bei uns keinen Rock, weder heilig noch unheilig.

Neue Maßstäbe

In Bremen hat vor kurzer Zeit eine evangelische (!) Kirchengemeinde einer Pfarrerin verboten, einen Gottesdienst zu halten – aus dem einzigen Grunde, dass sie eine *Frau* war. Die Gemeinde begründete das mit einer Anweisung in der Bibel: „Ich lasse nicht zu, dass Frauen vor der Gemeinde sprechen oder sich über die Männer erheben. Sie sollen sich ruhig und still verhalten".
Das steht tatsächlich im 1. Brief an Timotheus (2, 12). Und entspricht dem patriarchalischen Geist der damaligen Zeit. Genauso, wie es an anderen Stellen in der Bibel heißt: „Ihr Frauen, ordnet euch euern Männern unter. Denn der Mann ist das Haupt der Frau" (Eph 5, 22f). Oder: „Ihr Sklaven, seid gehorsam euern irdischen Herren mit Furcht und Zittern" (Eph 6, 5). Ob die Bremer, wenn sie das lesen, sich auch für die Wiedereinführung der Sklaverei stark machen würden?
Solche Sätze zeigen doch: Die Bibel ist ein *geschichtliches* Buch; sie hat einen ganz bestimmten Ort in der Geschichte und steht *nicht außerhalb* der Geschichte. Sie setzt das Denken ihrer Zeit ganz selbstverständlich voraus. Wenn aber diese Voraussetzungen sich ändern, dann stimmen auch die Schlussfolgerungen nicht mehr. Heute, in einer demokratischen Gesellschaft, kann es darum keine Unterordnung der Frauen unter die Männer geben und keine Rechtfertigung für die Sklaverei – auch wenn das in der Bibel steht.

Die Bibel hat selbst dazu beigetragen, dass Menschen auf Gleichberechtigung achten. Im Brief an die Galater heißt es: „Es hat nichts mehr zu sagen, ob einer Sklave ist oder frei, ob Mann oder Frau. Durch eure Verbindung mit Jesus Christus seid ihr alle eins" (3,28).
Solch eine Überzeugung durchbricht die damaligen Denkgewohnheiten und setzt neue Maßstäbe; darum scheint sie bis in *unsere* Zeit. Also gehören Frauen an den Altar – und nicht nur in einer evangelischen Kirche.

Mehrsprachig leben

Während eines Studienaufenthalts in New York interviewte ich die dort lehrende koreanische Theologin Chung Hyun Kyung.
Sie ist eine herausragende Vertreterin nicht nur der asiatischen christlichen Theologie, sondern eines ökumenischen Christentums insgesamt. Was das bedeutet, machte sie mir während unseres Interviews mit der überraschenden Feststellung deutlich: „Ich bin 100% Christin und 100% Schamanin, 100% Buddhistin, 100% Taoistin und 100% Ökofeministin." Ich versuchte lachend nachzurechnen und kam auf 500%.
Aber sie hatte das tatsächlich ernst gemeint: „Ich bin immer das, was ich in der jeweiligen Situation bin, *ganz* – immer 100%. Früher war ich der Überzeugung, ich hätte *Anteile* von allen großen Traditionen meiner Kultur mitbekommen: also 20% Christin, 20% Buddhistin, 20% Schamanin usw. Aber dann hat mir meine Lehrerin gesagt: ‚Das stimmt nicht. Du bist nicht so ein seltsames Gemisch. Du bist vielmehr, je nachdem, was die Situation erfordert, *ganz*, zu 100% das, was du bist'."
Und dann erläuterte mir meine Interviewpartnerin: „Das ist wie mit Kindern, die mehrsprachig aufwachsen. Denken Sie mal an die Kinder in der südlichen Schweiz: Die wachsen mit Deutsch, Französisch und Italienisch auf, aber sie setzen ihre eigene Sprache nicht zusammen aus Anteilen dieser verschiedenen Sprachen, sondern sie sprechen mit deutschsprachigen Gesprächspartnern Deutsch, mit französischsprachigen Französisch – und Italienisch entsprechend. Sie sprechen immer 100% die Sprache, die gerade dran ist. Und sie müssen deshalb nicht die beiden anderen Sprachen verleugnen.
Für mich," schloss Chung ihre Ausführungen zu diesem Punkt, „sind die verschiedenen Religionen eigentlich so etwas wie verschiedene Sprachen, von Gott zu reden. Ich kann in mehreren zuhause sein und dann jeweils die leben, mit der ich mich gerade mit anderen am besten verständigen kann."

Ich glaube, in Sachen Ökumene stehen uns ganz andere aufregende Entdeckungen und Entwicklungen bevor, als die kleinlichen und peinlichen Streitereien um das Abendmahl bei uns ahnen lassen.

Wenn wir beten

„Unser täglich Wasser" – mit diesem Slogan verwies vor einiger Zeit die Werbung einer Mineralwasserfirma auf ihr Produkt. Natürlich denkt jeder, der das liest, an die Formulierung im Vaterunser „Unser täglich Brot". Und soll das auch. Das wertet dieses Produkt ja auf: Klingt nach Bibel.

Normalerweise stehe ich der Verwendung religiöser Sprache in der Werbung eher ablehnend gegenüber, aber in diesem Fall bin ich eigentlich dafür dankbar: Bietet dieser Slogan doch einen Anstoß, einmal darüber nachzudenken, dass unsere Versorgung mit reinem, trinkbaren Wasser ebenso wenig selbstverständlich ist wie unser tägliches Brot – wegen der zunehmenden Verschmutzung vielleicht sogar noch weniger.

Und noch ein Anstoß: Vielleicht sollten wir das öfter einfach einmal beten „Unser tägliches Wasser gib uns heute". Nicht, dass damit automatisch unsere Probleme mit der zunehmenden Belastung des Trinkwassers gelöst wären. Genauso wenig löst ja die Bitte um das tägliche Brot unsere Ernährungsprobleme. Im Vaterunser werden eigentlich gar keine Probleme gelöst. Da geschieht etwas Anderes.

Zunächst einmal fällt mir auf, das Jesus für das tägliche Brot nicht, wie er es bei anderen Gelegenheiten tut, *dankt*, sondern darum *bittet*. Im ganzen Vaterunser findet sich kein Wort des Dankes; es besteht vor allem aus Bitten – Bitten um das, was wir zum Leben brauchen. Drei Folgerungen möchte ich daraus ziehen:

1. Beten ist für Jesus nicht die *Lösung* eines Problems. Es gibt keine Garantie, dass wir bekommen, worum wir bitten. Wenn wir beten, sprechen wir unsere Bedürfnisse aus, unser Angewiesensein. Wer sagt „Unser täglich Brot / unser täglich Wasser gib uns heute", der weiß, dass das Essen auf dem Tisch und das trinkbare Wasser aus der Leitung alles andere als selbstverständlich sind.

2. Wenn wir beten, dann sind wir auch bereit, für das zu *arbeiten*, um das wir bitten. Jesus meint doch nicht: Wenn wir um das tägliche Brot bitten, dann können wir selbst die Hände in den Schoß legen. Und das gilt ebenso für alle anderen Bitten. Beten ist nach Ansicht Jesu eben kein Ersatz für Handeln.

3. Wenn wir beten, dann sind wir auch bereit zu *teilen*, um was wir bitten. Das Brot, das Wasser, gehört ja nicht einfach uns. Eine andere Bitte im Vaterunser verdeutlicht diesen Zusammenhang: „Und vergib uns unsere Schuld, *wie auch wir* vergeben unsern Schuldigern". Das gilt dann auch für die Bitte um das tägli-

che Brot/Wasser: „Unser tägliches Brot gib uns heute – *wie auch wir* denen weitergeben, die es brauchen“.

Gott für sich haben wollen

Am Morgen des Endspiels der Fußballweltmeisterschaft 2010 in Südafrika bereitete sich der Pfarrer einer katholischen Kirche in den Niederlanden ganz besonders auf die Messe vor: Er trug ein Messgewand in der Nationalfarbe Orange. Und während der Messe ließ er sich von den ebenfalls orangefarbenen Besuchern Bälle zuspielen; auf den Altar legte er sogar einen Fußball. Die Gemeinde sang Fangesänge („Vuvuzelas“, die nervtötenden Tröten dieser Weltmeisterschaft, waren allerdings nicht zu hören), und vor der Kommunion betete der Pfarrer eindringlich für den Sieg der holländischen über die spanische Mannschaft.

Wie wir wissen, wurde sein Gebet nicht erhört. Aber nicht deswegen wurde er von seinem Bischof zur Strafe für mehrere Monate ins Kloster geschickt. Dem war der Pfarrer nämlich schon vorher wiederholt „unangenehm“ aufgefallen: Er hatte Tiergottesdienste gehalten, in denen in der Kirche Vögel herumflogen und Jagdhunde bellten. In seinen Messen sang schon mal ein „Piratenchor“, und ein Rapper mit Band trat auf. Für den Bischof war nun die Fußball-Messe der Tropfen, der den Eimer überliefen ließ. Er warf dem Pfarrer vor, er habe den Fußball zu einem Götzen gemacht.

Was in der Kritik von oben allerdings gar nicht erwähnt wurde, war die Tatsache, dass der Pfarrer für den Sieg der holländischen Mannschaft *gebetet* hatte. Da würde *ich* ein Fragezeichen setzen. Denn wer für den Sieg der eigenen Mannschaft betet, betet damit auch zugleich für die Niederlage der anderen.

Man darf sicherlich der eigenen Mannschaft die Daumen drücken – dann bleibt die Sache buchstäblich in der *eigenen* Hand. Dieses Anliegen aber *vor Gott* zu bringen – und das heißt ja „beten“ – , da kommt ein anderer Akzent ins Spiel. Dann will man nämlich Gott *für sich* und *gegen* die Mitmenschen vereinnahmen. Dabei ist Gott genauso sehr für die *andere* Mannschaft. Und das Spiel wird auf dem Rasen entschieden, nicht im Himmel.

Versöhnung von Gut und Böse

Im Dom zu Naumburg gibt es eine Lesebühne, zu der auf beiden Seiten eine Treppe hinaufführt. Die beiden Treppengeländer hat 1984 der Magdeburger Bildhauer Heinrich Apel mit kleinen Bronzeskulpturen verziert. Die Skulptur auf der Nordseite trägt den Namen: „Der schmale Pfad ins Paradies".
Hier bemühen sich die mittelalterlichen Stände, nach oben ins Paradies zu krabbeln – auf dem Rücken einer apokalyptischen Schlange: König, Bischof, Bürger, Bauer; sie alle droht diese Schlange zu verschlingen, wenn sie es nicht hinauf schaffen. *Falls* sie aber oben ankommen, erwartet sie als erstes eine Überraschung. Da steht am Eingang ein Ziegenbock, von dem sie eigentlich aus der Bibel zu wissen meinen, dass die „Böcke" gar nicht ins Paradies kommen, sondern nur die „Schafe" (Matth 25, 31ff). Man lernt offensichtlich nie aus!
Das Paradies insgesamt ist sehr lustbetont und sinnenfroh: Adam und Eva liegen nackt auf bequemen Polstern, Adam mit einem Becher Wein, Eva mit einem Blumenstrauß in der Hand. Sie winken sich über Eck zu. Zwischen ihnen vögeln zwei Tauben auf dem Rand eines plätschernden Brunnens, hinter ihnen picken Hühner ohne Angst die reichlich vorhandenen Körner von der Erde. Unter einem großen Weinstock sitzt ein Kind und hat ein großes Buch vor sich aufgeschlagen, das es in aller Seelenruhe betrachtet. Der Friede, den das Gesamtbild ausstrahlt, ist mit Händen zu greifen. Die kleinen Figuren glänzen auch so, als hätten unzählige Besucher und Besucherinnen sie schon gestreichelt.
Die größte und schönste Überraschung aber kommt ganz am Ende. Hinter dem Gartenzaun, der das Paradies umschließt, tanzen ein Engel und ein Teufel miteinander. Am Ende der Weltgeschichte, verrät uns hier mit einem Augenzwinkern der Künstler, wird Gut und Böse miteinander versöhnt.

Menschenwürde

Politisch korrekt

Kennen Sie das Buch „*Der verdiente ältere Mitbürger und das Meer*"? Wahrscheinlich nicht. Beziehungsweise, Sie kennen möglicherweise das Buch, aber nicht unter diesem Titel. Der lautet nämlich ursprünglich „Der alte Mann und das Meer". Die neue Fassung vermeidet alles, was jemand als diskriminierend empfinden könnte. Und wer möchte schon als „alter Mann" bezeichnet werden?
Ich mache keine Witze, ehrlich. Vor kurzem hat eine Mutter in Brooklyn, New York, festgestellt: Alle Englischtests ihres Schulbezirks enthielten nur noch peinlich gesäuberte Texte. Alle Hinweise auf Rasse, Klasse, Geschlecht, Alter und Religion sind aus den literarischen Beispieltexten getilgt worden. Ein Beispiel: Aus den Werken von Isaac Bashevis Singer, dem größten jiddischsprachigen Autor der Gegenwart, hatte man alle Hinweise auf sein Judesein gelöscht.
Die Schulbehörde verteidigte sich mit dem Argument, niemand solle sich bei der Prüfung „unwohl fühlen". Weil Menschen wegen ihrer Herkunft und Zugehörigkeit zu bestimmten Gruppen nur allzu oft diskriminiert würden, sollten deshalb alle Spuren solcher Zugehörigkeitsmerkmale zumindest aus der Sprache getilgt werden. Jedenfalls in der Schule. Nur von „Menschen als solchen" sollte die Rede sein.
Dabei ist es doch die Sprache, die unüberhörbar daran erinnert, dass Menschen gerade *wegen* ihrer Rasse, ihres Geschlechts, ihrer Religion oder ihrer Herkunft ungleich behandelt werden. Nicht die Sprache muss also bereinigt werden, sondern die gesellschaftlichen *Verhältnisse*, auf die diese Sprache verweist. Und das gilt im Saarland wie in New York.

Die Würde alter Menschen

Der Bundesgerichtshof hatte vor einiger Zeit über eine seltsam anmutende Klage zu entscheiden: Da hatte die AOK in einem Musterprozess gegen den Träger eines Altenpflegeheims geklagt, weil in diesem Heim eine alte Frau im Schlaf aus dem Bett gefallen war und sich den Oberschenkelhals gebrochen hatte. In diesem Verfahren ging es nun vor allem darum, wer für die notwendige Operation und Nachbehandlung bezahlen müsse: die Krankenkasse oder der – möglicherweise fahrlässige – Träger des Heims. Die Klage wurde vom Gericht zurückgewiesen. Es bleiben aber Fragen. Denn diese Frau war ja kein Einzelfall.

Wie sind solche Unfälle zu vermeiden – und zwar bei gleichzeitiger Wahrung der Würde alter, pflegebedürftiger Menschen? Ein Bettgitter zum Beispiel kann da kein Modell sein: Es schränkt die Bewegungsfreiheit beängstigend ein und führt beim Überklettern zu besonders schweren Stürzen. Auch die nächtliche Fesselung alter Menschen ans Bett, in Fachkreisen etwas vornehmer „Fixierung" genannt, kann kaum in Einklang mit ihrer Würde gebracht werden – allenfalls in Ausnahmefällen und als kurzfristige Notmaßnahme.

Die bei uns längst überfällige Diskussion über eine humane und effektive Sturzverhütung wird weiter verzögert, wenn man sich vor allem um die Folgekosten eines Unfalls streitet. So etwas darf kein primär finanzielles Problem sein. In der Bibel gibt es ein Gebot, das vor allem den Schutz alter Menschen im Blick hat: „Du sollst deinen Vater und deine Mutter ehren". Das ist nicht an Kinder gerichtet, die ihren Eltern Gehorsam schulden, sondern an Erwachsene mit alten Eltern. Und zu dem „Ehren" der Alten gehört bei aller Fürsorge auch die Achtung ihrer „Würde" und „Selbständigkeit".

Die Menschen, um die es hier geht, haben in unserer Gesellschaft wahrlich keine mächtige Lobby; trotzdem geht es nicht nur um Solidarität mit ihnen, sondern für uns alle auch um die *eigene* Zukunft!

Erschreckende Abschreckung

Das passiert eigentlich jeden Tag: Eine junge Frau lässt in einem Supermarkt was mitgehen, ohne zu bezahlen. Und sie wird dabei beobachtet und gestellt. Natürlich bekommt sie Hausverbot in diesem Laden und wird angezeigt. Und muss meistens eine Strafe zahlen. In jedem Supermarkt hängt ein Schild, das die Kunden auf dieses Verfahren hinweist.

In dem Fall, von dem ich hier erzählen möchte, lief das aber anders. Ein Richter in Florida möchte auf solche Ladendiebe offenbar auch pädagogisch einwirken. Er verurteilt sie zusätzlich zu der Geldstrafe dazu, zwei Stunden lang vor dem bestohlenen Geschäft mit einem Plakat auf und ab zu gehen. Auf dem Plakat steht: „Ich habe in diesem Geschäft gestohlen!“ Er ist der Ansicht, das müsste potentielle Täter und Täterinnen abschrecken.

Diese Wirkung ist allerdings fraglich. Jedenfalls sagte eine Betroffene hinterher: „Ich habe nichts daraus gelernt. Ich werde es woanders wieder versuchen!“ Sie hatte einen Liter Milch gestohlen – für ihr kleines Kind. Vermutlich war sie arbeitslos und daher ohne Einkommen. Darauf hatte der Richter aber keine Rücksicht genommen.

Aber mal abgesehen davon, ob diese Art Strafe *ab*-schreckend wirkt: Ich finde sie *er*-schreckend. Jemanden an den Pranger zu stellen – und das ist ja, was dieser Richter da tut – gehört in eine Zeit *vor* der Entdeckung der Menschenwürde. Einer Würde, die *allen* Menschen auf Grund ihres Menschseins zusteht – auch denen, die straffällig geworden sind. Einer Würde, die dadurch gekennzeichnet ist, dass sie einem nicht von anderen Menschen zuerkannt wird und daher auch nicht aberkannt werden kann. Sie kann nur anerkannt werden. Das bedeutet nämlich der Artikel 1 in unserem Grundgesetz: „Die Würde des Menschen ist unantastbar.“

Darum hat in unserem Rechtswesen alle Strafe darin ihre Grenze, dass ein Mensch dadurch nicht sein Gesicht verlieren darf – übrigens einschließlich der Prügelstrafe für Kinder, die manche Unverbesserliche immer noch als gelegentliche „Watschn“ verharmlosen wollen. Denn die Menschenwürde hängt nicht vom Alter ab.

Kinder – unsere Herausforderung

Unglaublich und einzigartig

Am Anfang des Schuljahres sollten die Kinder in der Grundschule angeben, ob sie evangelisch oder katholisch seien. Der Religionsunterricht wird ja nach Konfessionen getrennt erteilt – und nun sollten die Kinder in die entsprechenden Gruppen eingeteilt werden. Auch für die immer zahlreicher werdenden moslemischen Kinder musste eine befriedigende Lösung gefunden werden. Aber ein Mädchen passte nun gar nicht in die übliche Klassifizierung. Als es nach seiner Konfession gefragt wurde, sagte es: „Ich bin unglaublich".

Was es meinte, war: „Ich bin konfessionslos". Aber so reden Kinder nun mal nicht. Also wollte es sagen: „Ich habe keinen Glauben". Aber was rauskam, war eben: „Ich bin unglaublich". Das war zwar keine Antwort auf die Frage, die ihm gestellt worden war, aber es war natürlich die Wahrheit. Weil dieses Kind unglaublich *ist.* Weil *jedes* Kind unglaublich ist. Weil jeder *Mensch* unglaublich ist. Nur wir merken das gar nicht mehr, weil wir uns daran gewöhnt haben.

Neulich sagte mir eine frischgebackene Großmutter: „Erst jetzt als Oma merke ich, was für ein Wunder so ein neues Leben ist. Damals, als ich selbst Mutter wurde, war ich viel zu beschäftigt mit den Windeln und den Fläschchen und den Bauchschmerzen!"

Wir haben das vergessen, dass wir alle ein Wunder sind, unglaublich und einmalig: Jeder und jede von uns ein Original, ein ganz einzigartiger Entwurf Gottes. Eigentlich ein Grund, mit erhobenem Kopf durch diese Woche zu gehen, oder?

Kleine grüne Männchen

Warum gehen eigentlich immer noch so viele Kinder bei Rot über die Straße? Antwort: Weil ihnen so viele Erwachsene das vormachen. Frei nach dem Motto: „Ich bin doch nicht blöd und lass mir von einem kleinen grünen Männchen vorschreiben, wann ich über die Straße gehen darf. Soweit kommt das noch!"
Leider eben *nicht* immer. Und Kinder sehen das – und machen's nach. Dass unsere Kinder in Sachen PISA im Vergleich zu anderen Nationen nicht so toll abschneiden, dafür gibt es sehr unterschiedliche Gründe. Die haben alle nichts mit ihrer Intelligenz zu tun, sondern eher damit, wie wir Erwachsenen ihre Lerngelegenheiten organisieren. Aber Kinder beobachten sehr genau, wie wir unseren Alltag leben, und übernehmen vieles – auch das Verhalten, mit dem wir meinen, uns unbemerkt durchmogeln zu können. Wie an der roten Ampel.
Im Matthäus-Evangelium sagt Jesus einmal seinen Zuhörern: „Wenn ihr nicht den Kindern gleich werdet, könnt ihr nicht an Gottes neuer Welt teilhaben" (Matth 18, 3). Da werden die Kinder den Erwachsenen als Vorbilder vor Augen geführt. Und das stimmt ja auch, wenn wir nur dran denken, mit wie vielen Hintergedanken wir Erwachsenen uns durchs Leben bewegen. Unbefangenheit und Spontaneität, die Kinder auszeichnen, sind irgendwo unterwegs verloren gegangen.
Aber es gehört auch zu gerade dieser Spontaneität, dass Kinder ihr Verhalten weniger danach ausrichten, was Erwachsene ihnen *sagen* und ihnen *beibringen* wollen, als danach, was wir ihnen *vorleben.* Was sie hören, zählt weniger, als was sie sehen: Kinder sind Nachahmer. Die kleinen grünen und roten Männchen an der Ampel können uns daran erinnern.

Die wahren Eltern

Vater werden ist nicht schwer? Manchmal schon. Da hatte ein britisches Ehepaar jahrelang vergeblich auf Kindersegen gehofft. Schließlich hatten die beiden eine künstliche Befruchtung durchführen lassen, an der beide Partner beteiligt waren. Als dann aber am Tage der Geburt *schwarze* Zwillinge zur Welt kamen, waren die Eltern schockiert. Denn sie selbst waren Weiße. Sie konnten also nicht die Eltern sein.

Die Klinik hatte offensichtlich gepfuscht. Das wurde rasch bestätigt von einem schwarzen Ehepaar, das zur gleichen Zeit eine künstliche Befruchtung in dieser Klinik hatte durchführen lassen, die aber offiziell „erfolglos" geblieben war. Dieses Ehepaar erwog daraufhin, sein Recht auf die Zwillinge einzuklagen, die ganz offensichtlich biologisch von ihnen stammten. Die weißen Eltern waren jedoch fest entschlossen, die Kinder zu behalten. Die Mutter sagte nämlich, zwischen ihr und den Kleinen habe sich während der Schwangerschaft ein unzertrennliches Band geformt.

Ich weiß nicht, wie das ausgegangen ist. In gewisser Weise sind ja alle vier die Eltern dieser beiden Kinder und haben einen Anspruch auf sie, wenn auch auf unterschiedliche Weise. Das erinnert mich an die Geschichte von dem König Salomo in der Bibel, der in einem – wenn auch nur entfernt – ähnlichen Streitfall entschied: *Die* Mutter soll das Kind behalten, die eine liebende Beziehung zu ihm aufgebaut hat und die es nicht nur als ihr *Eigentum* betrachtet (1. Könige 3, 16 – 27). Denn nicht die biologische Elternschaft ist maßgeblich für das Wohl eines Kindes – und *das* ist der entscheidende Maßstab – sondern, was es an *Liebe* erfährt.

Hartnäckige Schrecklosigkeit

Ich war allein zuhause mit meinem jüngsten Sohn, Drittklässler in einer Saarbrücker Grundschule. Und beide saßen wir vor einem leeren Blatt Papier: Ich, um eine Predigt zu schreiben, er mit der Aufgabe, für die Schule ein Erlebnis aufzuschreiben „Wie ich einmal erschrocken war". Wir wussten beide nicht, wie wir anfangen sollten. Bei ihm kam hinzu, dass er sich an kein einziges Mal erinnern konnte, wo er so richtig erschrocken war. Behauptete er jedenfalls. Und stand alle paar Minuten in der Tür meines Arbeitszimmers und stöhnte: „Aber mir fällt wirklich nichts ein!"

Unter diesen Umständen ging es mir dann natürlich ganz ähnlich. Jedes Mal, wenn ich zum Schreiben ansetzen wollte, ertönte hinter mir ein „Papa, ich weiß immer noch nicht, was ich schreiben soll!" Mein Blatt blieb weiß, aber mein Kopf lief allmählich rot an.

Es mag ja für einen Vater ganz beruhigend sein, wenn sein Achtjähriger sich an nichts erinnern kann, was ihm einmal so einen richtigen Schrecken eingejagt hat – spricht das doch dafür, dass er vermutlich eine ziemlich behütete Kindheit hatte. Aber in diesem Fall ging mir die gefühlte Schrecklosigkeit seines jungen Lebens auf die Nerven, und fast hätte ich mir gewünscht, er hätte mal ein solches Erlebnis gehabt und könne sich nun noch genau und mit nachträglichem Schauder daran erinnern.

Er ließ nicht locker. Also die Entscheidung: Kind oder Arbeit. Da das keine wirkliche Entscheidung ist, wechselte ich also ins Wohnzimmer und damit in eine andere Welt: Weg von den Büchern voller Theologie, Seelsorge und Weisheit hinab in die Niederungen der Wirklichkeit.

Wir gingen dann miteinander seinen Alltag durch und fanden nach geraumer Zeit endlich ein kleines Erlebnis auf dem Heimweg von der Schule: ein Hund, der urplötzlich hinter einer Hecke direkt neben ihm losbellte, als wollte er ihn anfallen. Von da an ging es dann ganz leicht: Er schrieb, und ich auch wieder.

Natürlich kam dieses gemeinsame Erlebnis auch in der Predigt vor: Ich wünschte mir darin, in Zukunft besser den richtigen Zeitpunkt zu erkennen, wann es nötig sei, meine geplante Arbeit hintanzustellen, wenn jemand mich braucht. Und wünschte mir ebenso Menschen, die dann so hartnäckig und selbstverständlich auf meiner Zuwendung bestehen wie mein Sohn dieses Mal.

Die hellen Hände

Als ich mit meiner Familie vor einigen Jahren im südlichen Afrika lebte, fragte eines Tages mein 6jähriger Sohn: „Papa, warum sind eigentlich die Hände von den Schwarzen innen heller als außen?“ Das hatte er bei seinen Mitschülern beobachtet. Ich konnte ihm darauf keine befriedigende Antwort geben; es gibt auch keine. Inzwischen aber habe ich verschiedene folkloristische Antworten auf diese Frage gelesen – von Europäern wie von Afrikanern. Ein europäischer Lehrer beispielsweise erzählte seinen Schülern und Schülerinnen: Die Hände der Schwarzen seien innen viel heller als der Rest ihres Körpers, weil sie noch vor wenigen Jahrhunderten wie die wilden Tiere auf allen Vieren herumgelaufen seien. Darum wären ihre Handflächen nicht der Sonne ausgesetzt gewesen, die ja den übrigen Körper immer dunkler gemacht habe.

Aber neben solchem deplatzierten, wenn auch augenzwinkernden Rassismus hat es auch Versuche schwarzer Menschen selbst gegeben, das Rätsel ihrer hellen Handflächen zu lösen. Eine amerikanische schwarze Großmutter erzählte dies ihrem Enkel:

„Gott machte die Schwarzen, weil es sie geben *musste*. Aber nachher tat es ihm leid, dass er sie so gemacht hatte, denn die anderen Menschen lachten über sie und verschleppten sie in ihre Häuser, wo sie ihnen als Sklaven dienen mussten. Doch Gott konnte sie nicht mehr weiß machen, denn die, die es nun schon gewohnt waren, ihre Sklaven in schwarzer Hautfarbe zu sehen, hätten sich sonst beschwert. Deshalb richtete Gott es so ein, dass wenigstens die Innenseite ihrer Hände genau so wurde wie die aller anderen Menschen. Damit wollte er zeigen, dass Menschen nur *Menschenwerk* verrichten… Das, was Menschen tun, tun sie mit den Händen, und die sind alle gleich: eben Menschenhände – damit die Menschen, wenn sie nur ein klein wenig Verstand haben, wissen, dass sie vor allem andern *Menschen* sind.“

Aber als die alte Frau das erzählte, liefen ihr die Tränen über die Backen. Was sie da ihrem Enkel erzählte, war ja keine befriedigende Antwort. Es war allenfalls die Bestätigung der tagtäglichen Erfahrung im Umgang mit Weißen: dass die Schwarzen nur *teilweise* „Menschen wie die anderen“ seien. Und dass es überhaupt nötig schien, die Farbe ihrer Hände zu erklären und zu rechtfertigen – auch das muss der alten Frau wehgetan haben.

Das liegt einige Jahre zurück. Aber wir sind immer noch nicht angekommen in einer Gesellschaft, in der sich niemand für seine andere Hautfarbe oder seine andere Kultur rechtfertigen muss: eine Gesellschaft, in der es als normal gilt, anders zu sein als die Mehrheit, ohne ein Wort darüber zu verlieren.

Frieden machen

Wer ist denn mein Nächster?

Kurz nach Weihnachten, als alle Welt die Geburt Jesu in Bethlehem feierte, wurde im heutigen Bethlehem ein achtjähriger palästinensischer Junge von israelischen Soldaten erschossen. Das ist zu einer Zeit, da der Friedensprozess zwischen Israel und Palästina stockt und auf der einen Seite immer mehr israelische Siedlungen auf palästinensischem Land gebaut werden und auf der anderen Seite die Palästinenser sich immer häufiger dagegen wehren, kein ungewöhnliches Ereignis. Aber während seiner Beerdigung ist etwas ganz Ungewöhnliches geschehen.

Nur wenige Kilometer weiter wurden in einem israelischen Krankenhaus zur gleichen Stunde sein Herz, seine Lunge, seine Leber und seine Nieren drei kranken israelischen Kindern eingepflanzt. Seine Eltern hatten dem ausdrücklich zugestimmt. Der Vater hatte dabei gesagt: „Das ist mir eine Ehre. Ich möchte etwas tun, damit andere Eltern nicht erleben müssen, was ich jetzt mit meinem Sohn erlebt habe. Ich möchte, dass sie ihre Kinder gesund und glücklich aufwachsen sehen. Es ist mir nicht wichtig, wem seine Organe eingepflanzt werden, solange nur damit das Leben anderer gerettet werden kann."

In der gegenwärtigen Lage in Palästina ist das eine erstaunliche Haltung. Man hätte eher erwartet, dass die Eltern dieses Jungen so etwas empört von sich gewiesen hätten. Schließlich könnten die Organe ihres Sohnes ja Kindern zugutekommen, die in wenigen Jahren schon zu den Unterdrückern ihres eigenen Volkes zählen könnten. So haben sie aber nicht gedacht.

Vielleicht haben sie einfach dem Friedensprozess mehr vertraut als die öffentliche Meinung auf beiden Seiten und haben damit gerechnet, dass, wenn diese Kinder erwachsen sind, Palästinenser und Israelis gute Nachbarn sein werden. Sie selbst haben ihr Teil dazu getan: Gute Nachbarschaft kann werden, wenn einer sich als guter Nachbar verhält. Genauso hat Jesus das in seinem Gleichnis vom Barmherzigen Samariter gemeint: Der Nächste, der „Nachbar" war der, der dem andern die Barmherzigkeit tat (Luk 10, 25ff).

Kein Hass

Im Januar 1996 waren wir noch in Jerusalem gewesen, und im Februar und März des gleichen Jahres mussten wir aus der Ferne die Bombenattentate dort miterleben – eins davon in einer Straße, durch die wir selbst wenige Wochen zuvor gegangen waren. So sehr das unter die Haut ging, wir waren nicht unmittelbar betroffen. Zu Herzen aber ist mir gegangen, wie einige von denen, die unmittelbar betroffen waren, reagiert haben.

Ein Journalist einer Jerusalemer Tageszeitung musste eine Reportage über den Bombenanschlag in Jerusalem schreiben. Erst nach seiner Rückkehr in die Redaktion erfuhr er, dass sein eigener Sohn unter den Opfern war, die er soeben fotografiert hatte. Er war bis dahin als Verfechter des Friedensdialogs mit den Palästinensern bekannt. Wie würde er jetzt reagieren?

Am Grab seines Sohnes sagte er: „Da war kein Hass in dir – sogar in dem Augenblick, als die Bombe hochging, war kein Hass in dir. Deine Brüder sollen in deinem Licht aufwachsen!“

Der Vater eines anderen Opfers erzählte: „Meine Freunde sagen mir: Du hast immer für den Frieden gekämpft, und jetzt haben sie deinen Sohn umgebracht! Und ich sage: Wenn wir weiser gewesen wären und hätten den Friedensprozess eher eingeleitet, hätten sie das nicht getan.“ Und er hat sich seitdem mit Vertretern der radikalen Hamas-Bewegung getroffen.

Auf Menschen wie diesen ruht die Hoffnung, dass Frieden möglich ist. Sie haben einen schrecklichen Preis gezahlt, aber sie wollen nicht, dass er umsonst gezahlt wurde.

Die List der Gerechtigkeit

Israel baut eine Mauer mitten durchs Land, auch durch Regionen, die eigentlich von Palästinensern besiedelt sind – nach offiziellen Angaben, um sich zu sichern gegen palästinensische Gewalttäter. Als ein Teilstück der Mauer vor einigen Jahren gerade fertig war, kam am nächsten Tag auf der israelischen Seite ein Mann mit einer Farbsprühdose. Er sprühte einen Vers aus dem Propheten Maleachi auf die Mauer – auf Hebräisch natürlich:
„Haben wir nicht alle *einen* Vater? Hat uns nicht *ein* Gott geschaffen? Warum verachten wir denn einer den andern und entheiligen den Bund mit unsern Vätern? Juda ist treulos geworden, und in Israel und Jerusalem geschehen Greuel" (Mal 2, 10f). Gemeint war das als Kritik an dieser Mauer, die illegal durch palästinensisches Land läuft.
Mittendrin kam eine Streife der Grenzpolizei und nahm ihn wegen Sachbeschädigung an einem öffentlichen Gebäude fest. Der Mann verteidigte sich mit einem Hinweis auf das geltende Recht. Das besagt nämlich, dass Bibelverse in der Originalsprache überall in Israel an Mauern und Gebäude geschrieben werden dürfen.
Das wussten die Polizisten offenbar nicht und konsultierten per Telefon ihre Vorgesetzten. Die bestätigten das, nachdem sie ihrerseits sich vergewissert hatten. Also durfte der Mann sein Graffito fortsetzen. Die Polizisten blieben abwartend daneben stehen.
Beim allerletzten Wort – dem hebräischen Wort für „Greuel" – war er, weil es im Alltag selten vorkommt, plötzlich nicht mehr sicher, wie es buchstabiert wurde. Er fragte die Polizisten. Einer von ihnen wusste es. Und so vollendete der Graffiti-Mann seine Kritik an der Mauer ausgerechnet mit Hilfe der Polizisten, die eigentlich ausgerückt waren, um ihn daran zu hindern. Manchmal sucht sich die Gerechtigkeit ihre eigenen, überraschenden Wege.

Lieber wütend sein

Vor der Kasse im Supermarkt: Eine ziemlich lange Schlange, aber ich stehe nahe genug an der Kasse, um mitzubekommen, wie sich ein Mann bei der Kassiererin über eine falsche Preisauszeichnung in einem der Regale beschwert. Sie zeigt ihm ihre aktuelle Preisliste, um den Preis, den sie eingegeben hat, zu rechtfertigen. Er lässt sich aber nicht überzeugen. Der Mann sieht aus wie ich: Glatze, weißer Haarkranz. Könnte ich sein.
Schließlich fragt die Kassiererin, die bewundernswert höflich bleibt: „Möchten Sie vielleicht mit dem Geschäftsführer sprechen?“ Der Mann überlegt kurz, sagt dann: „Nein danke, ich bin lieber wütend!“ und packt seine Sachen und geht.

„Ich bin lieber wütend!“ Das hätte ich auch sagen können. So verrückt es klingt: Manchmal genieße ich es, mich über etwas oder jemanden aufzuregen, weil dieses Gefühl – wenn auch auf etwas verquere Weise – mich in *meiner* Haltung bestätigt: „Ich habe doch *Recht,* und das oder der da ist unmöglich! Und ich will das gar nicht wegerklärt bekommen!“
Wütend sein tut manchmal gut. Und wütend sein ist auch okay – wenn es im Rahmen bleibt. Und wenn es die Tür für den Rückweg offen lässt. Denn am Ende müssen wir ja in den meisten Fällen mit den Menschen, über die wir uns aufregen, weiterleben können.
„Lasst die Sonne nicht über eurem Zorn untergehen!“ (Eph 4, 26) Hinter diesem biblischen Rat steckt eine gehörige Portion Lebensweisheit. Da steht nämlich nicht: „Seid bloß nicht zornig aufeinander!“ Sondern vielmehr: „*Wenn* ihr schon zornig aufeinander seid – und es wird manchmal Grund dafür geben – , dann achtet darauf, dass ihr nicht darin stecken bleibt. Schon damit ihr selbst besser schlafen könnt: Bis zum Abend solltet ihr das bereinigt haben. Der nächste Tag hat seine eigenen Sorgen.“

Zu Gast bei den Bösen

Im Jahre 2008 waren die New Yorker Philharmoniker in Nord-Korea. Seit über 50 Jahren war kein amerikanisches Ensemble – Sport oder Musik – mehr in Nord-Korea gewesen. Nord-Korea war „Feindesland". Noch vor wenigen Jahren zählte der amtierende US-Präsident George W. Bush dieses Land zur „Achse des Bösen".

Und jetzt war das führende amerikanische Orchester zu Gast bei den „Bösen". Natürlich wurden zu Anfang des Eröffnungskonzerts die Nationalhymnen beider Länder gespielt. Und dann das klassische Programm mit Wagner, Mendelssohn, Dvorak und Gershwin.

Aber so richtig zum Herzen der koreanischen Hörer drangen die Philharmoniker erst am Ende durch, als sie als Zugabe ein traditionelles koreanisches Volkslied spielten. Den Zuhörern standen die Tränen in den Augen – und auch einigen Orchestermitgliedern, deren Eltern während des Koreakrieges 1950 nach Amerika ausgewandert waren. „Was für ein Erlebnis", sagte ein Mitglied des Orchesters hinterher: „Da war eine unglaubliche Freude und Traurigkeit und ein ganz unerwartetes Zusammengehörigkeitsgefühl, wie ich das noch nie erlebt habe. Die haben uns wirklich ihre Herzen geöffnet."

Die *New York Times* berichtete: „Es war, als sei Nord-Korea aus seiner Isolation in den Kreis der anderen Nationen heimgekehrt." Einige nordkoreanische Musiker hatten im Orchester mitspielen dürfen. Der Dirigent Lorin Maazel begrüßte sie mit den Worten: „In der Welt der Musik sind alle Männer und Frauen Brüder und Schwestern."

Vielleicht hat seine Musik ja dazu beigetragen, dass diese Erkenntnis nicht nur für die Welt der Musik gilt.

Männer

Männlicher Ehrgeiz

Dieser Text ist eigentlich nur für Männer. Andererseits können ihn natürlich auch Frauen lesen, wenn sie wollen. Denn dort, wohin ich jetzt einen Blick werfen möchte, sind die meisten von ihnen vermutlich noch nie gewesen: in einer Herrentoilette. Also, wer will, folge mir in die Herrentoilette des Flughafens Amsterdam. Genauer gesagt, in die Abteilung mit den Pissoirs. Inzwischen gibt es das, was ich jetzt beschreiben möchte, auch in Restaurants und Raststätten in Deutschland. Offensichtlich wegen des großen Erfolges.

In allen Becken sitzen da auf halber Höhe und mittendrin Fliegen, die sich nicht von der Stelle bewegen. Bei genauerem Hinsehen stellen wir fest, dass es keine echten Fliegen sind, sondern kleine lebensgroße Bildchen von Fliegen, die dort angeklebt wurden.

Wenn wir uns nun erkundigen würden, was es damit auf sich hat, würde uns die Toilettenfrau mit einem Augenzwinkern erklären: „Seit diese ‚Fliegen' dort kleben, pinkeln Männer sehr viel weniger daneben! Bis zu 80% weniger! Weil sie offenbar immer auf diese Fliegen zielen!"

Vorher waren an den Wänden die an solchen Orten üblichen Ermahnungen zu lesen, doch bitte die Toilette in dem Zustand zu verlassen, wie man sie selber vorzufinden wünsche – aber das hatte anscheinend nicht gewirkt, wie meistens bei solchen Ermahnungen. Die Fliegen in den Becken hingegen haben es geschafft.

Manchmal reichen anscheinend solch kleine spielerische Tricks, um uns nachhaltig schlechte Angewohnheiten abzugewöhnen. Und zwar ohne irgendjemand zu irgendetwas aufzufordern oder gar moralisch zu verpflichten. Man muss sich nur einen natürlichen Hang zunutze machen – wie im Falle mit den Fliegen in den Becken und dem männlichen Ehrgeiz, Treffer zu verbuchen.

Schon als Versager geboren?

Neulich wurde ich unfreiwilliger Zeuge eines Gesprächs an der nächtlichen Bushaltestelle. Zwei Männer, die offensichtlich einiges über den Durst getrunken hatten, unterhielten sich lautstark über ihr Leben und was bisher alles schief gelaufen war. Und da sagte der eine mit einem Mal zum andern: „Vielleicht bist du ja schon als Versager geboren?“

Das saß. Der so Angesprochene verstummte – er hatte keine Einwände zur Hand, sein Leben schien ja dafür den Beweis geliefert zu haben. Und dann kam mein Bus; den Rest des Gesprächs habe ich nicht mehr mitbekommen. Aber dieser Gedanke, dass jemand von sich selbst denken könne, er sei bereits als „Versager“ auf die Welt gekommen, fuhr mit mir mit. Schlimm genug ist es ja, jemandem so etwas an den Kopf zu werfen. Aber wie viel schlimmer ist es, wenn jemand das von sich *selbst* denkt? Um sich selbst kann man keinen Bogen machen, und zu sich selbst kann man auch nicht sagen: „Mit dir rede ich nicht mehr!“

Dabei steht doch eins fest: Wir mögen an der einen oder anderen Stelle im Leben versagen, wir mögen auch manchmal ganze Pechsträhnen erleben – aber keinem und keiner von uns ist das als Überschrift über unser Leben in die Wiege gelegt worden, niemand wird als Versager *geboren.* Und wir müssen das auch nicht ständig beweisen. Aber wahrscheinlich brauchen wir immer wieder andere Menschen, die uns durch ihre Anerkennung daran erinnern. Und womöglich brauchen wir gelegentlich einen Anwalt im Himmel, der uns vor uns selbst in Schutz nimmt. Wie es in der Bibel heißt: „Wenn uns unser Herz verdammt, ist Gott größer als unser Herz!“ (1. Joh 3, 20)

Gewehre im Gottesdienst

Wenn ein Pfarrer seine Gemeinde am Ende des Gottesdienstes mit den Worten entlässt: „…und bringen Sie nächste Woche Ihr Gewehr mit!“, dann würde unsereins spontan meinen, wir seien im falschen Film. Gewehre im Gottesdienst? Das machen ja noch nicht mal die Schützenvereine.
Aber in Amerika ist das möglich – trotz oder gerade wegen des gegenwärtigen Präsidenten Barack Obama. Denn dem trauen die Gewehrbesitzer in den USA nicht. Sie befürchten, die Regierung warte nur auf eine Gelegenheit, die Verfassung zu ändern und ihnen ihre Waffen wegzunehmen.
In Kentucky hat also ein Pfarrer tatsächlich im Sommer 2010 seine Gemeinde eingeladen, zum nächsten Gottesdienst demonstrativ ihre Gewehre und Pistolen mitzubringen, „um ihre Rechte als Amerikaner zu feiern“. Denn „Gott und Gewehre bilden von Anfang an die Grundlage dieser Nation“, sagte er.
Des Pfarrers Segen im Gottesdienst hätte dann auch den Waffen vor ihm gegolten. Das ist uns allerdings nicht so fremd: In den beiden Weltkriegen haben Geistliche regelmäßig die Waffen gesegnet, mit denen die deutschen Truppen in den Krieg zogen. Es gab auch bei uns einmal eine Zeit, in der es zwischen Gott und tödlichen Waffen keinen Widerspruch gab.
Inzwischen wird bei uns – wie übrigens in Amerika auch – regelmäßig über den Privatbesitz von Waffen diskutiert, wenn Schüler mit den Waffen ihrer Eltern Amok laufen. Zum Glück gibt es bei uns wenigstens keine Pfarrer und Pfarrerinnen, die in ihrem Gottesdienst solche Waffen feiern und dazu auffordern, sie mitzubringen. Sie würden am nächsten Tag in den Wartestand versetzt werden. Und das ist auch gut so.

Nach mir die Sintflut

In der Straßenbahn in Saarbrücken sitze ich neben zwei Männern, die sich über die Folgen des Klimawandels unterhalten. Am Abend vorher hat es einen Film darüber im Fernsehen gegeben. Sagt der eine zum andern: „Wir werden das ja wohl nicht mehr mitkriegen. Aber wenn ich an unsere Kinder und deren Kinder denke!“ Sagt der andere: „Ich brauche mir für die nächsten 50 Jahre keine Sorgen zu machen: Ich habe keine Kinder!“
Den Rest bekomme ich nicht mehr mit, weil ich erst nicht glauben kann, was ich gerade gehört habe, und dann krampfhaft überlege, ob ich mich nicht einmischen müsste. Ich lasse das dann, weil ich ja ein ungebetener Zuhörer bin. Nicht alles, was wir mitkriegen, ist auch für uns bestimmt.
„Ich brauche mir keine Sorgen zu machen, weil ich ja keine Kinder habe!“ Wer so redet, der meint vielleicht auch: *Ich* muss mein Verhalten nicht ändern, weil für *mich* ja nichts auf dem Spiel steht. Oder zugespitzt: Nach mir die Sintflut! Buchstäblich.
Dabei sitzt der Mann nicht nur einfach in demselben Boot wie wir alle. Er trägt auch Mitverantwortung für die andern in diesem Boot, mit denen er weder verwandt noch verschwägert noch befreundet ist. Und für *deren* Kinder und Enkel. Und das nicht nur, weil gegenseitige Solidarität lebensnotwendig ist. Sondern weil er selbst auch von dieser Solidarität anderer lebt: Er hat zur Schule gehen können, er benutzt mit seinem Auto öffentliche Straßen, er ist krankenversichert, weil andere für ihn mit bezahlen. Sein ganzes Leben lang.
Da dürfen doch die andern wohl auch von ihm erwarten, dass ihm ihre Zukunft nicht völlig egal ist.

Sein Bestes

Die Eigentümer der berühmtesten Baseball-Mannschaft in den USA, der *New York Yankees,* mussten vor einiger Zeit eine Erfahrung machen, die sie nicht einordnen konnten. Sie hatten ihrem außerordentlich erfolgreichen Trainer Joe Torre einen neuen Vertrag angeboten, den dieser zu ihrer Überraschung ablehnte. Und zwar lehnte er ab, weil man ihm einen Bonus in Höhe von einer Million Dollar versprach für den Fall, dass er die Mannschaft wieder in die Endrunde der nationalen Meisterschaft bringen würde.

Joe Torres fand das beleidigend. Dieser Bonus wurde ihm nämlich angeboten für etwas, das er ohnehin zu leisten bereit war: sein Bestes zu tun. Meinten die Eigentümer etwa, ohne solch einen Bonus würde er nur Mittelmaß bringen? Das empfand er als Ausdruck von Misstrauen und kündigte.

Wie ist das bei uns? Unsere Fußballnationalmannschaften – sowohl Männer wie Frauen – zum Beispiel wissen, dass jede/r von ihnen für den Gewinn der Europameisterschaft oder gar der Weltmeisterschaft eine fünfstellige Summe zur Belohnung erhält. Und auch schon erhalten hat. Hätten sie sich ohne die zu erwartende Belohnung weniger angestrengt?

Ich kann das nicht glauben. Aber es hat noch niemand die Belohnung in Frage gestellt oder gar als beleidigend zurückgewiesen. Wie Joe Torre. Der hat Vorbildcharakter: Sein Bestes tun, ohne dass man dafür extra bezahlt wird. Weil es eine Sache des Vertrauens ist. Und nicht der Bezahlung.

Einladung zum gelingenden Leben

Regeln

Durch die Finanzkrise und die daraus folgenden Zwangsversteigerungen und Zwangsverkäufe von Häusern haben eine Menge Menschen in den USA ihr Zuhause verloren und leben heute in Zelten oder unter Brücken – das ganze Jahr über.
Ich habe von einem Ort in Rhode Island gelesen, an dem sich eine größere Gruppe von solchen Obdachlosen zusammengeschlossen hat und sich den Platz unter einer Brücke teilt. Und nicht nur teilt, sondern auch *ein*teilt. Sehr bald, nachdem sie dort gelandet waren, stellten sie nämlich fest: Ein Zusammenleben auf derart engem Raum war nur möglich, wenn sie sich Regeln gaben und sich eine Führung wählten, die auf die Einhaltung dieser Regeln achtete. Obdachlose sind eben keine Gesetzlosen.
Eine dieser Regeln lautet: „Keine Einzelperson steht *über* der Gemeinschaft". Entscheidungen werden mehrheitlich getroffen, und jeder einzelne ist mitverantwortlich auch für Kleinigkeiten wie z.B. das Aufheben herumliegender Plastikflaschen – selbst, wenn er sie gar nicht hat liegen lassen.
Diese Menschen sind ohne eigenes Verschulden durch sämtliche Lücken im staatlich organisierten Sozialsystem gerutscht. Fast könnte man erwarten, dass sie – da die geltenden Regeln des Landes ihnen wenig genützt haben – nun *allen* Regeln absagen. Und dass nur noch das Recht des Stärkeren gilt. Aber dem ist nicht so. Sie erleben vielmehr am eigenen Leibe: Regeln für das Zusammenleben müssen nicht von oben verordnet werden, sondern sie selbst haben ein Bedürfnis danach.

Das gilt übrigens auch für andere Regelwerke. Wenn es z.B. in den Zehn Geboten in der Bibel immer wieder heißt „Du sollst / du sollst nicht….", dann ist damit zugleich immer gemeint: „Weil du es selbst brauchst!"

Manchmal heiligt der Zweck die Mittel

„Der Zweck heiligt die Mittel“ sagen wir meistens dann, wenn wir nicht sicher sind, ob wir wirklich recht getan haben. Ich kann dem nicht grundsätzlich widersprechen und wäge ab.
In einem Qualifikationsspiel für die Teilnahme an der Fußballweltmeisterschaft 2010 gewann die französische Nationalmannschaft nur deshalb gegen Irland, weil ihr Spieler Thiery Henry im entscheidenden Moment vor dem Tor die Hand zu Hilfe nahm. Und gleich *nach* dem Spiel hat er das auch zugegeben. Er war sich seiner Unsportlichkeit durchaus bewusst. Aber er war nicht fair genug, es dem Schiedsrichter gleich *während* des Spiels zu sagen, als die gegnerische Mannschaft heftig protestierte. Der Schiedsrichter hatte nämlich nichts gesehen und das Tor gegeben. Henry begründete sein anfängliches Schweigen hinterher so: „Das Wichtigste war schließlich, die WM-Qualifikation zu schaffen!“ Oder auf Deutsch: „Der Zweck heiligt die Mittel.“ Ihm würde ich widersprechen.
Aber einer anderen Person nicht. Die hat zum Beispiel faustdick gelogen: Elisabeth von Thüringen. Der hatte ihr Mann, der Landgraf von Thüringen, verboten, Brot von der Wartburg an die Armen im Hospital von Eisenach zu verteilen. Sie tat es trotzdem. Als er sie einmal dabei erwischte, fragte er sie streng: „Was hast du da unter deiner Schürze?“ „Rosen“, antwortete sie – obwohl sie natürlich wusste, dass es Brot war. Die Legende erzählt weiter, dass ihr Mann die Schürze öffnete und dass tatsächlich Rosen herausfielen. Die Legende möchte halt der Heiligen nicht unterstellen, dass sie mal gelogen hat. Darum muss sie die Realität der Lüge anpassen und von einer wundersamen Verwandlung erzählen.
Wir brauchen das nicht. Für uns darf sie ruhig lügen. Denn manchmal steht es auch einer Heiligen gut an zu lügen, wenn damit Bedürftigen Gutes getan werden kann. Diesmal *heiligt* der Zweck die Mittel. Da möchte ich nicht widersprechen.

Wirtschaftswachstum wofür?

Sie lesen das ja jetzt dauernd in der Zeitung und hören davon in den Nachrichten: Das Wirtschaftswachstum gilt als *das* Heilmittel für unsere flaue Wirtschaft. Ob es uns gut geht oder nicht, hängt demnach von der Wachstumsrate ab, die wir erwirtschaften. Oder eben nicht.
Aber am Wachstum haben vor allem die exportierende Wirtschaft und die Banken Anteil. Und weniger die Normalbürger – also wir. Oder dieses kirchliche Krankenhaus – gar nicht so weit weg von uns – , das 40 Mitarbeiter und Mitarbeiterinnen entlassen muss, damit die Banken bereit sind, einen Kredit zu verlängern. Das Krankenhaus ist daher – wie viele Krankenhäuser, Alten- und Pflegeheime heute – darauf angewiesen, dass die verbleibenden Angestellten mehr arbeiten, als ihnen laut Arbeitsvertrag eigentlich abverlangt werden kann. Damit es seine Aufgabe erfüllen kann. Dieses Krankenhaus hat nichts vom Wirtschaftswachstum, und wir, seine Patienten, auch nicht. Denn unsere Versorgung leidet unter der Personalverknappung. Was den Banken aber egal ist.
Manchmal habe ich das Gefühl: Das Wirtschaftswachstum wird in unserer Gesellschaft geradezu vergötzt. Die Idee, dass die Wirtschaft ständig expandieren, also höhere Erträge erwirtschaften muss, wird gar nicht mehr hinterfragt. Deshalb ist es höchste Zeit, an einen Grundsatz von Jesus zu erinnern, der in einer modernen Übertragung lauten würde: „Das Wirtschaftswachstum ist für den Menschen da, und nicht der Mensch für das Wachstum“ (vgl. Mk 2, 27).

Der Klügere gibt nicht immer nach

„Der Klügere gibt nach" lautet eine uns allen wohlbekannte Lebensweisheit. Und als pragmatische Regel für den Alltag mag sie auch ihre Richtigkeit haben: Steht doch nicht bei jeder Meinungsverschiedenheit immer gleich *alles* auf dem Spiel. Und das Zusammenleben mit anderen erfordert eben gelegentliche Kompromisse, bei denen mal der eine, mal die andere nachgeben muss.

Aber das Nachgeben ist nicht *immer* die klügere Lösung. Und schon gar nicht sollte man behaupten, Nachgeben und Verzichten, also: ein Opfer bringen, sei das Wesen christlicher Nächstenliebe. Weil „der Andere" immer Vorrang hat – oder wie auch immer das begründet wird.

Dass das nämlich Unsinn ist, können wir ja schon bei kleinen Kindern beobachten Wenn sie sich um Spielsachen streiten – als Geschwister oder in Krabbelgruppen – neigen manche Erwachsenen dazu, dem einen Kind, das sich sein Spielzeug ganz offensichtlich nicht wegnehmen lassen will, zuzureden: „Nun lass doch auch mal den Peter oder die Annika dran!", und haben dann das gute Gefühl, ihrem Kind eine kleine Lehre in Sachen Fairness erteilt zu haben. Dabei wollen sie häufig nur den Streit beenden, damit sie selbst ihre Ruhe haben.

Freiwillig verzichten und abgeben, ist *eine* Sache; sich etwas wegnehmen lassen, obwohl man das gar nicht will, ist eine *andere*. Niemand sollte dafür zur Begründung die Opferbereitschaft christlicher Nächstenliebe bemühen.

Wenn die Bibel von Nächstenliebe redet, dann heißt das so –im Alten wie im Neuen Testament: „Liebe deinen Nächsten wie dich selbst" (Num 19, 18; Mark 12, 31). Darin sind beide beteiligten Personen *gleich* wichtig. Unterwerfung unter einen Stärkeren kann deshalb keine Nächstenliebe sein. Sie ist überhaupt keine Liebe, sondern Resignation oder Versöhnung mit dem Unrecht. Oder einfach eine pragmatische Entscheidung. Aber keine Liebe.

Der Klügere gibt nicht immer nach – jedenfalls dann nicht, wenn er mehr sucht als eine bequeme oder pragmatische Art und Weise, einem Konflikt zu entgehen. Dem Kind, das sich dagegen wehrt, sich sein Spielzeug wegnehmen zu lassen, würde ich sagen: „Streite dich! Damit der andere dich respektiert!" Weil nur Menschen, die sich gegenseitig respektieren, sich auch lieben können.

Einladung zum Glücklichsein

Was „Glück" ist, kann keiner definieren. Wer glücklich *ist,* weiß es, ohne dass ihm das jemand anders erklären muss. Und wer unglücklich ist, ebenso. Und dass viel Geld einen nicht glücklich macht, das wissen wir auch längst. Dazu bedarf es keiner Andacht im Radio. Aber weil Glück nun einmal als etwas Erstrebenswertes gilt, darum wird immer wieder danach geforscht, was denn nun eigentlich dazu gehört, damit man sich glücklich fühlt.

Der amerikanische Psychologe Jonathan Haidt hat in seinem Buch „Die Glückshypothese" eine überraschende Entdeckung gemacht. Zunächst ging er die üblichen Clichés durch und stellte fest: Männer mögen in unserer Gesellschaft zwar mehr Macht haben, aber sie sind nicht glücklicher als Frauen. Menschen in südlichen Gegenden mit viel Sonne sind nicht glücklicher als die im grauen Norden. Schöne Menschen – bzw. solche, die dafür gehalten werden – sind nicht glücklicher als weniger „gut" aussehende.

Aber – und das ist nun die überraschende Entdeckung: Menschen, die etwas für *andere* tun, sind glücklicher als solche, die das *nicht* tun und sich nur um sich selber drehen. Der Mensch ist, so folgert das Buch, „so ähnlich wie die Bienen: Wir sind nun einmal darauf ausgerichtet, in sozialen Beziehungen zu leben, und es geht uns gar nicht gut, wenn wir uns von dem Bienenkorb lösen."

Es ist paradox, sagt der Psychologe, aber: „Das Egoistischste, was man tun kann, ist – anderen Menschen helfen. Weil man sich dann glücklich fühlt." Vielleicht ist ja das, was die Bibel sagt, weniger ein Gebot im Sinne eines *Befehls* als eine *Einladung* zum Glücklichsein: „Du sollst deinen Nächsten lieben wie dich selbst" (Leviticus 19, 18).

Die glücklichsten Menschen

Es ist also heraus: die glücklichsten Menschen der Welt leben auf Malta. Was einige von uns, die dort regelmäßig ihre Osterferien verbringen, immer schon vermutet hatten – eine wissenschaftliche Untersuchung der Erasmus-Universität in Rotterdam hat es bewiesen. Mit welcher Methode man so etwas feststellt, darauf will ich hier nicht eingehen. Jedenfalls gehören Dänemark und die Schweiz mit in die Spitzengruppe. Finnland hingegen, der übliche Sieger bei allen PISA-Untersuchungen, liegt abgeschlagen weiter hinten. Übrigens auch Deutschland und die USA.

Niemand ist überraschter von diesem Ergebnis als die Malteser selbst. Und spekulieren: „Vielleicht liegt das ja nicht so sehr daran, dass *wir* etwas wissen, was ihr *nicht* wisst, sondern eher daran, dass wir etwas *nicht* wissen, was *ihr* wisst."

„Zum Beispiel glaube ich," sagte einer von ihnen in einem Interview, „dass die Leute hier einfach vergessen haben, das die Regierung sie eigentlich *repräsentieren* und nicht *reglementieren* sollte. Darum beschweren sie sich weniger. Und fühlen sich wohler. Abgesehen davon, dass hier meistens die Sonne scheint. Das hilft sicher auch!"

Also gut, abgesehen von der Sonne. Aber stimmt das andere: dass man nämlich glücklicher ist, wenn man weniger Ansprüche an das Leben stellt? Wenn man mit dem, was ist, zufrieden ist, statt nach dem Ausschau zu halten, was eigentlich sein sollte? Vielleicht.

Vielleicht aber auch nicht. Ich kann mir jedenfalls nicht vorstellen, dass man desto glücklicher ist, je mehr einem egal ist, was um einen herum vor sich geht. In der Bibel wird „Glück" übrigens ganz anders verstanden: „Glücklich sind die Barmherzigen", sagt Jesus in der Bergpredigt, „denn sie dürfen mit Barmherzigkeit rechnen!" (Matth 5, 7)

Super-Nanny

Kennen Sie die „Super-Nanny“? Oder wenigstens die Fernsehserie gleichen Namens, die jede Woche Millionen von Zuschauern begeistert? Da wird eine Erzieherin gezeigt, die eine ganze Woche in einer echten Familie verbringt und den Eltern hilft, ihre kaum mehr lenkbaren Kinder zu erziehen.

Es mag Zuschauer geben, die sich über die Hilflosigkeit der Eltern und ihre schrecklichen Kinder amüsieren. Aber viele werden auch eigene Erziehungsprobleme erkennen und es mit dem einen oder anderen Erziehungstipp von der Super-Nanny probieren. Denn am Ende einer Woche wird gerade nicht so getan, als wäre nun alles eitel Sonnenschein und die Eltern zu Superpädagogen geworden. Immerhin, das macht sie von Anfang an klar: Nicht nur die Kinder, sondern auch die Eltern werden sich verändern müssen.

Offenbar gibt es ein großes Bedürfnis nach solchen Hilfestellungen – bei den Zuschauern ebenso wie bei den Familien, die sich um diese Super-Nanny bewerben, weil sie selbst nicht mehr zurechtkommen. Viele Eltern wissen nur, was sie *nicht* wollen, haben aber kein positives Vorbild, an dem sie sich orientieren könnten. Besonders die klare Abgrenzung gegenüber ihren Kindern fällt heutigen Eltern schwer – also, ihren Kindern Grenzen setzen.

Manche Eltern glauben immer noch, Grenzsetzung („Nein“-Sagen) und Liebe ließen sich nicht miteinander vereinbaren. Statt *Er*ziehung setzen sie auf *Be*ziehung; sie hoffen, dass ihr Kind das, was sie von ihm wollen, einsieht und deshalb *freiwillig* das gewünschte Verhalten zeigt. Manchmal haben dann die Kinder ein viel besseres Gespür dafür, was dran ist – wie jenes Schulkind, das, genervt von endlosen Erklärungen der Mutter, schließlich zu ihr sagte: „Wenn du willst, dass ich schlafen gehe, dann *schick* mich doch einfach ins Bett!“

Klare Grenzsetzung ist wichtig für die Orientierung – nicht nur für Kinder. Wenn die Zehn Gebote in der Bibel mit den Worten beginnen „Du sollst….“ bzw. „Du sollst nicht….“, dann ist das nicht *Druck*, den Gott ausübt, sondern dient der Klarheit: „Wenn du mit anderen Menschen zusammenleben willst, dann *musst* du bestimmte Dinge tun oder lassen – verlass dich drauf!“

Aus für Robin Hood?

Jahrhundertelang war Robin Hood ein Werbesymbol für die mittelenglische Stadt Nottingham. Jetzt hat er ausgedient. Werbeagenturen wurden vor kurzem eingeladen, einen Nachfolger für den Sagenhelden aus dem Mittelalter zu suchen.

Nach dem Grund dafür gefragt, erklärte der heutige Sheriff von Nottingham, einer der Nachfolger des damaligen Gegenspielers von Robin Hood: „Robin Hood war nach der Legende ein Mann mit Herz und Gefühl für seine Mitbürger – ein Mann, der die Reichen bestohlen hat, um die Armen zu beschenken. Das ist heutzutage nicht mehr gefragt.“

Da frage ich nach: *Was* ist heute nicht mehr gefragt? Männer mit Herz und Gefühl für ihre Mitmenschen? Menschen, die Armen etwas schenken, und dafür Reichen von ihrem Überfluss etwas wegnehmen? Oder sind gar die Armen selbst – oder jede Erinnerung an sie – nicht mehr erwünscht?

Die Umverteilung gesellschaftlichen Reichtums, wie Robin Hood sie praktizierte, ist bei den Mächtigen und Reichen natürlich nie populär gewesen, weder damals noch heute. Wer gibt schon freiwillig seine Privilegien auf? Aber für die anderen, also die Masse der Lohnabhängigen und Arbeitslosen, war Robin Hood immer ein legendäres Symbol einer anderen Gerechtigkeit: einer Gerechtigkeit, in der sich *alle* wiederfinden können. Einer Gerechtigkeit, wie sie Maria, die Mutter Jesu, von Gott erwartet, wenn sie singt: „Die Hungrigen füllt er mit Gütern und lässt die Reichen leer ausgehen“ (Luk 1, 53).

Robin Hood hat noch längst nicht ausgedient. Er bleibt ein lebendiges Symbol gefährlicher Erinnerung!

Es wissen wollen

Womit habe ich das verdient?

Im Kindergottesdienst war die Geschichte von Sodom und Gomorrha dran (Gen 19). So wie die Geschichte in der Bibel erzählt wird, gilt die Katastrophe, die diese beiden Zwillingsstädte vernichtet, ja als Strafe Gottes für ihre Sünden.
Just in der Woche vor dem Gottesdienst hatte sich ein schweres Erdbeben in Kalifornien ereignet. Die Kinder hatten aus dem Fernsehen noch die Bilder von brennenden oder zusammengebrochenen Häusern, von verletzten, ängstlich zusammengekauerten oder weinenden Menschen im Kopf. Was lag also näher, als dass sie auf die Idee kamen, auch die Katastrophe von Los Angeles sei eine Strafe Gottes gewesen.
Was sie ja nicht war, oder? Wollten wir das behaupten, wir kämen in Teufels Küche. Die Zeiten sind vorbei, wo Naturkatastrophen oder überhaupt schwer erklärbares Leid, das Menschen überfällt, einfach auf das Konto Gottes gebucht werden können – sei es als Strafe für Fehlverhalten, sei es als pädagogischer Wink mit dem Zaunpfahl.
Im Neuen Testament gibt es eine Geschichte, in der Jesus einen Blinden vor dem Verdacht in Schutz nehmen muss, dass seine Blindheit doch eine Strafe für irgendetwas sein müsse. Nein, sagt Jesus: Leiden ist keine Strafe für irgendetwas. Wenn es so wäre, dann müssten ganz andere Leute rangenommen werden (Joh 9). Aber wir neigen auch heute noch zu dieser Erklärung, fragen uns, wenn es uns schlimm ergeht und allen andern scheinbar so viel besser: „Warum *ich*? Womit habe ich das verdient?"
Niemand hat Leiden verdient, weder als Strafe noch als Bewährungsprobe für ein künftiges Leben. Und ein Gott, dem man nachsagen könnte, er quäle Menschen aus pädagogischen Gründen, wäre ein Sadist. „Ich halte einen Gott für glaubwürdiger, der das Leiden hasst, es aber nicht verhindern kann, als einen, der absichtlich kleine Kinder leiden und sterben lässt – aus welchen erhabenen Gründen auch immer", schreibt der jüdische Rabbi Harold Kushner in seinem Buch *Wenn guten Menschen Böses widerfährt.*
Und fährt fort: „Wir sollten nicht fragen, warum muss das gerade *mir* geschehen? Sondern wir sollten fragen: Wie gehe ich jetzt damit um? Was *macht* es aus mir?"[2]

[2] Harold S. Kushner, *Wenn guten Menschen Böses widerfährt*, Gütersloh 1990, 134. 136

Die *Ursachen* eines Leidens mögen letztlich unerklärlich für mich bleiben. Aber welche *Folgen* es hat, daran bin ich selbst beteiligt. Manchmal ist vielleicht auch in den Folgen des Unerklärlichen sein Sinn verborgen!

Die Frau auf dem Dach

Da stand auf dem Dach der Europa-Galerie in Saarbrücken eine Frau. Sie stand ganz am Rand, offensichtlich wollte sie springen. Als ich vorbeifuhr, war die Feuerwehr längst da: hatte ein Sprungtuch ausgebreitet, den Verkehr zum Parkhaus der Galerie gestoppt und die Autofahrer, die diese Stelle passierten, zum flüssigen Weiterfahren aufgefordert.
Trotzdem kam es zu Staus, weil jeder beim Vorbeifahren natürlich sehen wollte, was denn da los sei. Und so blieb ich in diesem Stau einige Minuten lang genau gegenüber der Frau dort auf dem Dach stehen. Sie stand sprungbereit, aber sie sprang nicht. Was ging in ihr vor? Hielt ein letzter Funke Hoffnung sie von diesem Schritt über den Rand hinaus ab – Hoffnung, dass doch noch ein Wunder geschehe und sie einen Ausweg aus ihren schier unlösbar erscheinenden Problemen entdecken würde?
Ich hatte zwei Minuten Zeit. Ich versuchte, mich in die Lage der Frau zu versetzen. Was bringt einen Menschen bis an diesen Punkt? Der Frau helfen konnte in diesem Augenblick keiner von uns; alles Menschenmögliche tat schon die Feuerwehr – einschließlich des Mannes, der wenige Meter von der Frau ebenfalls auf dem Dach stand und versuchte, mit ihr ein Gespräch zu führen.
Alles Menschenmögliche wurde getan, aber es erschien so unzulänglich. Als ich weiterfuhr, drängte sich mir ein Gebet auf: „Gott, wir können so wenig für diese Frau tun. Lass den Mann, der sie zum Weiterleben überreden will, erst einmal Erfolg haben. Dann kann man weitersehen. Vergib den Menschen, die sie bis zu diesem Punkt haben kommen lassen. Und vergib ihr, dass sie ihr Leben wegwerfen will. Wenn es Lösungen für sie gibt, lass sie sie entdecken. Wenn sie aber springt, dann fang du sie auf!“

Am nächsten Tag stand eine kleine Meldung in der Zeitung: Die Frau war nicht gesprungen. Vielleicht haben viele Autofahrer an jenem Morgen nicht nur neugierig nach oben geschaut, sondern mit mir zusammen gebetet.

Horror-Skop

In China-Restaurants erhält man ja gelegentlich zum Nachtisch diese kleinen Glückskekse, die einen winzigen Zettel mit einem Horoskop enthalten, das einem Gutes voraussagt oder wünscht: „Sie suchen das Glück? Greifen Sie doch einfach zu!“ Oder so was Ähnliches.

Niemand nimmt so was ernst. Aber das ändert sich schlagartig, wenn da etwas Anderes drin steht. Eine Firma, die solche Horoskope druckt, hat vor einiger Zeit scherzhaft gemeinte andere Texte in Umlauf gebracht, die manche Restaurantbesucher geradezu verstört haben. Zum Beispiel: „Ihre Probleme werden immer größer. Denken Sie nach: Was haben Sie falsch gemacht?“ Oder: „Es wird Ihnen alles zu viel. Suchen Sie professionelle Hilfe!“

In einem Fall feierte ein Paar mit Freunden seine Verlobung in dem Chinarestaurant, in dem sie sich zum ersten Mal verabredet hatten. Der Verlobte erhielt in seinem Glückskeks die Warnung: „Das ist Ihr Unglückstag. Geben Sie auf!“ Er konnte immerhin noch lachen und sagte gutgelaunt: „Wenn ich diesen Keks schon früher bekommen hätte, dann hätte ich bestimmt keinen Heiratsantrag gestellt!“

Die Firma hat im Lauf der Zeit so viele Beschwerden erhalten, dass sie das Konzept wieder geändert hat. Zum Abschluss eines guten Essens wollen Leute eben nicht mit Problemanzeigen konfrontiert werden – selbst wenn sie scherzhaft gemeint sind. Ein bisschen treffen diese wie alle anderen Horoskope dann doch wohl eine empfindliche Stelle: Insgeheim möchten wir nämlich schon wissen, was uns erwartet. Am liebsten was Gutes.

Also, hier ist Ihr Horoskop für heute: „Heute ist ein Tag so gut wie jeder andere. Machen Sie das Beste aus Ihren Gaben!“

Nicht vergessen können

„Ich wollte, ich könnte das Ganze vergessen“, sagte die Frau in einem Gespräch. Seit langer Zeit bedrückte sie ein Erlebnis aus ihrer Kindheit, dessen Tragweite sie selbst erst zu spät erkannt hatte.

Als sie etwa 12 Jahre alt war, hatte sie beim Spielen mit ihrer älteren Schwester zuhause eine wertvolle Vase umgestoßen. Die hatte nicht mehr geklebt werden können, und die Eltern waren über den Verlust außerordentlich zornig gewesen. Beide Mädchen wurden dafür empfindlich bestraft, aber die Schuld für den Unfall gaben die Eltern der Schwester, weil sie als die Ältere die Verantwortliche gewesen sei.

„Außerdem“, so fügte die Frau im Gespräch hinzu, „war ich immer das Lieblingskind meines Vaters. Der wollte wahrscheinlich nicht wahrhaben, dass *ich* die Vase umgeworfen hatte, was ja meine Schwester lauthals beteuerte.“ Und so ließ sie die Eltern in dem Glauben, dass ihre Schwester schuld war. Ihre Schwester hatte ihr das nie verziehen.

Und jetzt war ihre Schwester gestorben, und sie hatte keine Gelegenheit mehr gehabt, die Geschichte ins Reine zu bringen. Die Erinnerung daran belastete sie. Was sie aber, wie sie erstaunt feststellte, noch mehr belastete, war die Tatsache, dass auch ihre längst verstorbenen Eltern ihr nie verziehen hatten. Und ihr nicht verzeihen *konnten*, „weil sie nie den wirklichen Hergang erfahren haben.“

Meine Gesprächspartnerin sehnte sich nach der Vergebung ihrer Schwester und ihrer Eltern und – weil diese ja nicht mehr zu bekommen war – wenigstens danach, das Ganze zu vergessen. Stattdessen schien die Erinnerung mit zunehmendem Alter immer lebendiger und bedrängender zu werden.

Ich war in diesem Gespräch vor allem Zuhörer. Im Nachhinein hat es mich sehr nachdenklich gemacht, wie so ein vergleichsweise harmloser Vorfall ein Leben lang Schatten werfen kann. Und auch dies: Dass man offenbar auch dafür Vergebung braucht, wofür man gar nicht zur Rechenschaft gezogen wird, weil man sich nicht stellt. Das Vergessen kommt *nach* dem Vergeben; es macht es nicht überflüssig. Verdrängtes aber kehrt irgendwann zurück.

Keine Regengefahr

Wie haben wir uns im Juli 2010 über die Sonne gefreut. Zugegeben, an manchen Tagen war es wirklich ein bisschen zu heiß, und manchmal war's drinnen besser auszuhalten aus draußen. Aber mal wieder so richtig *Sommer* – und das mehrere Wochen lang! Das hatten wir schon einige Jahre vorher nicht mehr. Und dabei war es bis in den Juni hinein noch so kühl, dass wir manchmal abends heizen mussten.
Allerdings mussten wir später für diesen Sommer zahlen. Die anhaltende Hitze hat natürlich auch anhaltende Trockenheit mit sich gebracht. Und das bedeutete nichts Gutes für die Wälder und für die Ernte. Besonders Getreide und Kartoffeln waren betroffen. Die Ernte fiel kleiner aus als üblich, und die Preise im Herbst stiegen – für Brot und für Pommes, von denen (so habe ich sagen hören) manche Kinder gar nicht mehr wissen, dass sie aus Kartoffeln gemacht werden.
Ich erinnere mich noch an das Trommelfeuer freudiger Erregung in den Wetterberichten im Radio und im Fernsehen im Juli: „Keine Regengefahr, nur geringes Gewitterrisiko, tolle Tropennächte, ein super-sonniges Wochenende". Ein bisschen mehr Besonnenheit würde auch diesen Propheten nicht schaden; dann würden sie schnell darauf kommen, dass Regen nicht nur eine „Gefahr" ist, sondern dass wir ihn *brauchen*! Und zwar wir alle, und nicht nur die Förster und die Bauern.
In einem klassischen Text voller Besonnenheit heißt es in der Bibel: „Alles hat seine Zeit" – und dann folgt eine lange Liste von Dingen und Vorgängen, zu denen auch solche gehören, die wir als *negativ* empfinden und am liebsten vermeiden würden: abbrechen, klagen, verlieren, streiten, hassen, sterben (Prediger 3). Das alles hat seine berechtigte Zeit. Den Regen könnte man auch hinzufügen; er wird von uns häufig als so etwas Negatives empfunden. Dann würde es heißen: „Sonnenschein hat seine Zeit, *und Regen* hat seine Zeit". Es ist schon gut, dass nicht *wir* das Wetter machen!

Das Geheimnis der Erlösung

Manche von uns hassen den Montagmorgen. Sie wehren sich innerlich dagegen, nach der Freiheit des Wochenendes wieder in einen fremden Rhythmus gezwängt zu werden. Wieder eine Rolle spielen zu müssen, die andere von ihnen erwarten. Manche sehen sich an diesem Morgen gar nicht gern im Spiegel – als befürchteten sie, vor ihren Augen könnte es zu einer Persönlichkeitsveränderung kommen.
Andere wiederum sehen sich überhaupt nicht gern im Spiegel – weder montags noch an anderen Tagen. Weil sie sich nicht mögen, wie sie sind. Weil sie sich heimlich nach einer Verwandlung sehnen und ganz anders sein möchten. So wie wir als Kinder manchmal davon träumten, gar nicht die Kinder unserer Eltern zu sein, sondern – wie im Märchen – ausgesetzte oder verwunschene Königskinder. Und eines Tages – das war der geheime Wunsch – würde die sechsspännige Kutsche vorfahren und uns heimholen: an den Ort, wo wir eigentlich hingehörten. Wo wir endlich die sein könnten, die wir wirklich waren. Und alle Welt, die uns jetzt überhaupt nicht verstand oder sogar missachtete, würde uns Beifall zollen müssen.
So stellten wir uns damals „Erlösung“ vor: ein anderer Mensch werden. Befreit von der Unsicherheit und Unansehnlichkeit unseres Alltags-Ichs – mit starkem Ich und aufrechtem Gang. Das ist die Erlösung, die in den *Märchen* stattfindet: wenn das ausgebeutete Aschenputtel seine Königinnen-Krone und damit sein wahres Wesen findet.

In der *Bibel* geht Erlösung anders vor sich. Sie ist in erster Linie nicht Verwandlung, sondern *Annahme*. Wenn Jesus Menschen begegnete, nahm er sie zunächst einfach einmal an, wie sie waren. Wenn er zu ihnen sagte: „Dir sind deine Sünden vergeben“, dann befreite er sie nicht *von* sich selbst, sondern *zu* sich selbst. Darin bestand die erlösende Veränderung: Sie konnten jetzt mit ihrem Alltags-Ich leben, ohne sich seiner schämen zu müssen. Denn das Geheimnis der Erlösung ist die Annahme.

Keine Sicherheit, aber Begleitung

Behüteter, als wir ahnen

Ich war vor einiger Zeit im Krankenhaus. Nicht als Pfarrer, um ein krankes Gemeindeglied zu besuchen. Sondern selbst als Patient. Seit 30 Jahren zum ersten Mal wieder. Ein Nierenstein hatte mir buchstäblich über Nacht zu schaffen gemacht, und der musste nun raus. In den 14 Tagen, die ich da im Krankenhaus lag, habe ich einiges gelernt, was man als Pfarrer bei Kurzbesuchen gar nicht mitbekommt.

Ich habe gelernt, dass man als Patient an manchen Tagen gar keinen Besuch möchte. Dass einem an solchen Tagen gar nicht danach zumute ist, anderen erklären zu müssen, warum es einem immer noch nicht besser geht. Manchmal möchte man sich dann nur in sich selbst zurückziehen, wie das kranke Tiere – vermutlich aus gutem Grunde – ja auch tun.

Ich habe gelernt, dass wir von außerordentlich aufmerksamen Pflegekräften betreut werden, bei denen man sich gut aufgehoben fühlt. Alle Unkenrufe über die Pflegesituation in deutschen Krankenhäusern konnte ich hier nicht nachvollziehen – zumindest auf der Station, auf der ich lag. Wenn es einmal sein muss, gehe ich gern in dieses Krankenhaus zurück.

Und ich habe noch etwas ganz wichtiges Drittes gelernt: Nach meiner Operation, die unter Vollnarkose stattfand, erklärte mir der Anästhesist in einem längeren Gespräch, dass er bei der Intubation für die Beatmung während der Operation einige Probleme mit mir gehabt habe. An einer Stelle habe man rasch ein Zusatzgerät aus dem großen OP holen müssen, und dieser Zeitraum sei „nicht unkritisch“ gewesen, wie er sich vorsichtig ausdrückte.

Ich hatte von all dem nichts mitbekommen. Im Gegenteil, ich hatte die Narkose und das Erwachen hinterher als ausgesprochen angenehm empfunden. Die Information des Narkosearztes hat mich dann aber sehr nachdenklich gemacht. Ich habe am eigenen Leibe erlebt, worüber wir als Pfarrer häufig nur *reden*: Wir sind gefährdeter, als wir es wissen. Und behüteter, als wir ahnen!

Trittbrettfahrer

An einer Kreuzung in Los Angeles rammte ein Pkw einen städtischen Bus. Während der Busfahrer ausstieg, um den Schaden zu besichtigen, stiegen blitzschnell Fußgänger, die sich zum Zeitpunkt des Unfalls in der Nähe befanden, in den Bus ein. In wenigen Sekunden war der vorher fast leere Bus voll. Es machte diesen Leuten gar nichts aus, dass sie nun eine Weile herumsitzen und warten mussten, bis die Polizei kam. Im Gegenteil, sie selbst warteten auf die Polizei: Sie wollten nämlich zu Protokoll geben, welche körperlichen Schäden sie durch diesen Unfall davongetragen hätten – bis hin zu möglichen späteren Verhaltensstörungen als Spätfolge des Unfalltraumas. Wofür natürlich die Versicherung des Unfallverursachers zahlen musste.
Pech für die Leute in diesem Fall, dass die Polizei schon vor ihnen da war: Im Bus saßen nämlich von Anfang an Polizisten in Zivil, die sämtliche Trittbrettfahrer hinterher festnahmen und wegen Versicherungsbetrugs anzeigten. Der ganze Unfall war nur inszeniert, um solchen sich häufenden Betrügereien auf die Schliche zu kommen.
Bei uns ist etwas Ähnliches noch nicht bekannt geworden. In den USA aber gibt es geradezu einen Trend: Für alles, was einem zustößt oder was einem nicht passt, will man jemanden haftbar machen, um dann entschädigt zu werden. Kinder bringen sogar ihre Eltern vor Gericht, weil sie sie „falsch erzogen“ hätten. Man spricht bereits von einer regelrechten „Entschädigungskultur“: nach Möglichkeit *andere* verantwortlich machen für mein Schicksal.

Aber wir können uns nicht gegen alles versichern – schon gar nicht nachträglich, durch Entschädigungsklagen. Und nicht immer lassen sich welche finden, denen wir die Schuld geben könnten. Oft müssen wir einfach aushalten, was uns das Leben zumutet. Frühere Generationen vergewisserten sich dafür der Begleitung Gottes. Einer betete einmal – und unzählige andere haben sich ihm angeschlossen: „Und ob ich schon wanderte im finstern Tal, so bist du doch bei mir“ (Ps 23, 4).

Harry Potters letzter Satz

Der letzte Band der siebenjährigen Harry-Potter-Serie, der vor kurzem als Film auf den Markt kam, wurde von vielen sehnsüchtig erwartet. Die meisten Leser und Leserinnen waren ja bis zum letzten Moment – also null Uhr des Erscheinungstages – im Unklaren, wer von den Hauptpersonen denn nun im letzten Teil stirbt: Vielleicht sogar Harry Potter selbst, wie es vorher verschiedentlich angedeutet worden war?
Aber nichts dergleichen: Sie stellten schnell beruhigt fest, dass Harry lebte und die Chance hatte, erwachsen zu werden. Und das Buch und damit die ganze Harry-Potter-Serie schließt mit dem wunderbaren Satz: „Und alles war gut".
Ein Kaufhaus in Saarbrücken warb zum gleichen Zeitpunkt mit dem Slogan: „Preise gut, alles gut!" Aber wenn man drüber nachdachte, merkte man schnell, dass das gar nicht stimmte. Was ist denn mit all dem, was *keinen Preis* hat, was man nicht bezahlen, was man nicht kaufen kann? Und das für unser Leben so viel wichtiger ist! Wenn ich „alles" sage, muss ich auch „alles" meinen.
Wenn eine Mutter ihr aus dem Schlaf aufgeschrecktes Kind tröstet „Es wird alles wieder gut!", dann ist das etwas ganz Anderes: Sie bringt damit ihr Vertrauen in das Leben zum Ausdruck und vermittelt es ihrem Kind mit Worten und beruhigendem Streicheln. Eigentlich kann sie das ja gar nicht *wissen,* ob „alles" wieder gut wird. Aber sie *glaubt* daran, und das Kind verlässt sich darauf. „Alles wird wieder gut" ist ein religiöser Satz – ob die Mutter an Gott glaubt oder nicht.

So enden auch die Harry-Potter-Bücher mit einem Glaubensbekenntnis, in dem ein Echo an das Bekenntnis aus der biblischen Schöpfungsgeschichte anklingt: „Und Gott sah, dass es gut war" (Gen 1, 10). Nämlich so, wie Gott es ursprünglich gemeint hat. Und der Trost „Es wird alles wieder gut" beruft sich darauf und erinnert Gott daran.

Zeitung beim Frühstück

Trennung, die verbindet

Frühstücken Sie zusammen? Ich meine: mit Ihrem Mann oder Ihrer Frau? Also so richtig mit Kaffee, frischen Brötchen und Zeitung? Und Musik von SR 2 oder SR 3 im Hintergrund. Die Musik passt gut dazu, aber mit der Zeitung gibt es möglicherweise Probleme. Sie kennen das: *Er* will lesen, *sie* will mit ihm reden. Und manchmal ist es auch umgekehrt.
Winston Churchill erzählte von sich selbst: „Meine Frau und ich haben versucht, zusammen zu frühstücken, aber wir mussten damit aufhören, weil andernfalls unsere Ehe daran zerbrochen wäre“. Wieso, hat er an dieser Stell nicht erwähnt. Vielleicht war es die Zeitung, vielleicht war es seine notorisch schlechte Laune am Morgen. Oder er musste bereits beim Frühstück ständig mit seinen Ministern telefonieren.
Was immer es gewesen ist – ich finde es beachtlich, dass die beiden für sich diese paradox anmutende Lösung gefunden haben: ‚Damit wir zusammenbleiben, müssen wir uns trennen – jedenfalls am Frühstückstisch‘. Bei einer Ehe, die Bestand haben will, darf eben die Gemeinsamkeit nicht zu Lasten des je Eigenen der beiden Partner gepflegt werden.
Das ist wie bei einer Muschel – und ich meine die *lebendige* Muschel, dieses kleine Weichtier, das zu seinem Schutz von zwei harten Schalen umgeben ist. Diese beiden Schalen können sich ganz dicht schließen, damit das Muscheltier vor Bedrohung von außen geschützt ist. Aber um atmen und Nahrung aufnehmen zu können, müssen sie sich auch wieder öffnen – sich dabei voneinander trennen. Nur im Wechsel von festem Zusammenschluss und Öffnung kann die Muschel überleben.
So auch eine Lebensgemeinschaft wie die Ehe: Sie braucht dichte Nähe und *Gemeinsamkeit,* aber auch Öffnung, um den *Eigenheiten* der beiden Partner Raum zu geben. Getrenntes Frühstück oder getrennte Schafzimmer – solche Trennungen signalisieren nicht gleich die allmähliche Erosion einer Ehe, sondern können auch anzeigen, wie ernst die beiden Partner sich gegenseitig nehmen.

Niemand erfindet sich selbst

Ich kenne eine ganze Reihe Leute, die beginnen morgens ihre Zeitung von hinten zu lesen und lesen beim Frühstück als erstes – oder doch spätestens gleich danach – die Todesanzeigen. Sie möchten gern wissen, ob aus ihrem Bekannten- und Freundeskreis jemand gestorben ist, dessen Trauerfeier und Beisetzung sie nicht verpassen wollen. Aus Erfahrung wissen sie, dass sie nicht immer von den betreffenden Familien direkt informiert werden. Und dafür gibt es ja die Todesanzeigen.

Offenbar macht denen, die so ihren Morgen beginnen, die frühe Morgenstunde gar nichts aus. Und es spielt auch keine Rolle, ob sie fröhlich und unternehmungslustig aufgestanden sind oder ob sie irgendetwas bedrückt.

Als ich vor kurzem eine französische Zeitung in der Hand hatte, habe ich einiges über den Zweck von Todesanzeigen dazugelernt. Mir fiel auf, dass sie in dieser Zeitung – und vielleicht in französischen Zeitungen generell – anders gestaltet sind als in deutschen Zeitungen. Das Format ist ein anderes – auf einer Viertelseite kann man bis zu 12 Todesanzeigen finden – , aber vor allem inhaltlich können sie manchmal ganz anderes enthalten, als wir es gewohnt sind. Gelegentlich finden sich Hinweise auf die Herkunft des Verstorbenen oder die besondere Geschichte, an der er teilhatte: „Überlebender des Genozid von 1915" stand da z. B. in der Anzeige für einen Mann mit einem armenischen Namen. Es ist offenbar üblich, dass auch längst Verstorbene erwähnt werden, die berühmt sind und mit denen der Verstorbene eine verwandtschaftliche Beziehung hatte. Da wurde bei einer Verstorbenen erwähnt, dass sie die Enkelin von Alfred Dreyfus, dem Opfer des berüchtigten Justizskandals in Frankreich Ende des 19. Jahrhunderts gewesen sei.

Ich spüre dahinter einen gewissen Stolz auf die Geschichte, aus der dieser Mensch hervorgegangen ist. Oder doch das Bewusstsein, dass diese Geschichte unverwechselbar zu dieser Person gehört – und damit zur Erinnerung an sie. Nicht nur, was dieser Mensch aus sich gemacht hat – beruflich oder privat –, sondern auch, in welchen Kontext er gestellt wurde oder gar, was ihm in die Wiege gelegt wurde, gehört zu seiner Person. Keiner erfindet sich selbst. Darüber mehr nachzudenken, lohnte sich auch bei uns. Vielleicht auch in unseren Todesanzeigen.

Es macht einen Unterschied

Morgens beim Frühstück lese ich gern die Zeitung. Nicht weil Zeitung lesen immer Spaß machte. Dazu ist die Welt zu kompliziert, und die Nachrichten über sie sind oft zu schrecklich. Ja, manchmal fühle ich mich ganz schön hilflos angesichts dessen, was mich da anstarrt. Gerade mal aufgestanden, und schon beschleicht mich das Gefühl, mit meinem Latein am Ende zu sein: Was kann *ich* denn dagegen tun, worunter andere zu leiden haben?
Dennoch möchte ich nicht resignieren. Es soll mir nicht alles gleichgültig sein. Damit ich mich dem Gefühl der Hilflosigkeit nicht überlasse, konzentriere ich mich auf das, was nicht außerhalb meiner Reichweite geschieht. Was ich mit *meinen Händen* erreichen kann. Buchstäblich!

In einem Gottesdienst in dem schottischen Kloster Iona habe ich diese Geschichte gehört: Ein Mann geht bei Ebbe am Strand entlang und sieht, wie ein anderer Seesterne, die nach der Sturmflut während der Nacht am Strand liegen geblieben sind, aufhebt und zurück ins Meer schleudert. Der Spaziergänger fragt den Werfer: „Was machen Sie denn da?“ Dieser antwortet: „Wenn die hier auf dem Sand liegen bleiben, vertrocknen sie in kurzer Zeit in der Sonne. Darum werfe ich sie wieder ins Wasser!“
Der Spaziergänger sieht sich um und sieht, dass da Tausende von Seesternen am Strand liegen. Und er fragt den andern skeptisch: „Gucken Sie doch mal, wie viele das sind? Meinen Sie, es macht überhaupt einen *Unterschied*, was Sie da machen?“ Der Werfer nimmt einen Seestern auf, sieht ihn nachdenklich an, wirft ihn ins Wasser und antwortet: „Für ihn schon. Für ihn *macht* das einen Unterschied!“
Er kann nicht *allen* helfen, nur den Naheliegenden. Aber für sie macht das einen gewaltigen Unterschied. Vielleicht sollten wir auch auf die „Seesterne“ achten, die zu unseren Füßen liegen und darauf warten, von uns ins Wasser geworfen zu werden. Und sei es nur das kleine Kind der Migrantenfamilie in der Nachbarschaft, bei dem zuhause nicht Deutsch gesprochen wird, das aber dringend deutsche Sprachpraxis braucht, bevor es in die Schule kommt.

Kaum zu glauben

Ehrliche Räuber

Man muss sich das mal vorstellen: Da sprechen am Neujahrsmorgen drei Straßenräuber einen jungen Mann an: „He, hast du Geld?“ Der verneint, und daraufhin zieht einer der Männer eine Pistole und lädt sie durch. Da bekommt das Opfer Angst und zieht die Geldbörse aus der Tasche. Der Räuber fordert 20 Euro. Der Überfallene hat aber nur größere Scheine bei sich und übergibt einen 50-Euro-Schein.

Der Wortführer der Straßenräuber erkundigt sich bei den anderen, ob einer von ihnen 30 Euro Wechselgeld für das Opfer hat. Als diese verneinen, greift er in die eigene Manteltasche, holt eine Handvoll Münzen hervor und gibt sie dem Opfer. Dann fliehen die Täter. Später stellt der Überfallene fest, dass er Münzen im Wert von 17 Euro erhalten hatte.

Das ist wirklich passiert. In Hamburg, vor ein paar Jahren. Da fragt man sich wirklich: Hatten die Räuber sie nicht mehr alle? War das ihr erster Überfall und sie waren aus ihrem zivilen Beruf genaues Abrechnen gewöhnt? Waren sie etwa „ehrliche“ Räuber, die nicht *mehr* haben wollten, als sie wirklich brauchten? Oder hatten sie gar Mitleid mit dem Überfallenen?

Irgendwie passt das nicht zusammen. Bei aller Brutalität kommen sie mir ziemlich dumm vor; andererseits finde ich ihre entwaffnende Naivität durchaus sympathisch. Sie hatten offenbar nicht nur Geld im Kopf. Aber was dann? Jedenfalls bestätigt sich einmal mehr: Menschen sind nicht immer das, was sie scheinen.

Nur *eine* Kiste

Ich hatte einen Traum:
Ich komme in meinen Getränkemarkt und gebe mein Leergut ab: drei Kisten leere Sprudelflaschen. Die Kassiererin sagt mir, bevor sie mir den Leergutbon gibt: „Guter Mann, Sie wollen doch heute sicherlich nicht drei Kisten Sprudel mitnehmen?“ (Sie sagt tatsächlich „Guter Mann“; vor einem Jahr war ich noch „Junger Mann“!) „Nein, eigentlich vier,“ antworte ich. „Dann lassen Sie mich Ihnen einen guten Rat geben“, fährt die Kassiererin fort: „Nehmen Sie heute nur *eine* Kiste mit, ab Montag haben wir den gleichen Sprudel im Angebot. Dann wird der deutlich billiger, und Sie können sich die restlichen Kisten holen. Es täte mir in der Seele weh, wenn Sie heute mehr dafür zahlen würden als nötig. Ist doch so, oder?“ Da kann ich nur „Danke schön“, sagen; für den Rest verschlägt es mir die Sprache.
Das war also mein Traum. Das Schönste daran ist, dass es tatsächlich passiert ist. Aber mir war, als ob ich träumte. Denn das bin ich nicht gewohnt, dass in einem Geschäft jemand tatsächlich meinen *Vorteil* als Kunde im Blick hat. Die Werbung suggeriert uns das ja ständig: „Bei uns ist der Kunde König!“ Und „Schnäppchen hier“ und „Schnäppchen da“. Aber wir alle wissen ja, dass - während wir unser rechtes Ohr noch staunend den Werbeversprechungen hinhalten – wir schon längst über unser linkes gehauen werden. Da glaubt man bald nichts mehr. Und darum tut das so gut, wenn man dann eine solche Erfahrung machen kann: Da ist einer, der will dich nicht übers Ohr hauen. Im Gegenteil!
Ich bin fröhlich nach Hause gegangen. In den Laden gehe ich wieder. Und nicht nur, um meine restlichen drei Kisten Sprudel zu holen.

Überraschende Gerechtigkeit

Das hätte ich eigentlich nicht für möglich gehalten:
Da gab es im Berlin der 90er Jahre eine Techno-Diskothek, in der Schwarze keinen Zutritt hatten. Das stand ausdrücklich draußen dran. Aber die Polizei schritt nicht ein, und auch sonst kein städtisches Amt oder eine staatliche Stelle. Bis es nach einiger Zeit und verschiedenen vergeblichen Protesten einigen jungen Frauen zu bunt wurde: Sie demonstrierten draußen vor der Disko mit Handzetteln. Auf denen kündigten sie an, sie würden diese Disko boykottieren, bis das Verbot für Schwarze aufgehoben würde. Ihnen schlossen sich überraschend viele junge Leute an. Schließlich musste der Besitzer unter diesem Druck, der sich allmählich negativ auf sein Geschäft auswirkte, die Disko auch für Schwarze öffnen.
Wie gesagt, das hätte ich nicht für möglich gehalten. Ich habe oder hatte jedenfalls bis dahin das Vorurteil: Solche Diskofreaks denken vor allem an den Spaß und an den Rausch, den sie dort erleben – also vor allem an sich selbst. Jedenfalls nicht an Gerechtigkeit. Doch selbst wenn man darüber spekuliert, ob nicht einige dieser jungen Frauen vielleicht in Afrikaner oder schwarze Amerikaner verliebt waren und diese unbedingt in die Disko mitbringen wollten: Es ist ja nicht verkehrt, wenn Liebe für mehr Gerechtigkeit sorgt. Gerechtigkeit und Liebe passen doch gut zusammen. Steht schon in der Bibel: „Die Liebe freut sich nicht über die Ungerechtigkeit“ (1. Kor 13, 6).

Da muss sie schlucken

Über so etwas freut man sich natürlich:
Da ist eine ziemlich wilde 5. Klasse: 30 Kinder und eine um Autorität und Ruhe kämpfende junge Lehrerin. Es ist die letzte Stunde vor den Weihnachtsferien. Sie machen einen kleinen Jahresrückblick, und dabei erzählt eines der Kinder, dass sein kleiner Bruder in diesem Jahr gestorben ist. Die anderen Kinder sind sichtlich betroffen und stellen Fragen zu Leben, Tod und Angst vorm Tod. Nicht gerade ein Weihnachtsthema, aber unter diesen Umständen natürlich nicht zu umgehen.

Am Ende verabschiedet die Lehrerin die Kinder in die Weihnachtsferien mit dem Wunsch, dass sich alle im neuen Jahr wiedersehen mögen – und gleich mit der Pausenklingel bricht das übliche Pausenchaos wieder aus. Aber diesmal ist doch etwas anders: Tobias, ein vom Leben ziemlich benachteiligter Junge, der trotz seiner 12 Jahre bereits 90 Kilo auf die Waage bringt, lieber draufhaut statt zuhört und auch der Lehrerin gegenüber oft ziemlich aufsässig ist – ausgerechnet dieser Tobias ruft nämlich im Hinausgehen der Lehrerin zu: „Kratz net ab in de Ferie!“

Da muss sie schon ganz schön schlucken, die Lehrerin. Und dann freut sie sich unheimlich. Natürlich weiß sie aus ihrem Studium der Pädagogik und der Psychologie: Auch die Schüler mit dem auffälligen Verhalten, die Wilden und Undisziplinierten haben das Herz auf dem rechten Fleck. Aber richtig glauben kann sie es erst, wenn sie es so erlebt.

Einfach ausgesperrt

Weil ein 96jähriger Mannheimer nach 75 Jahren Ehe nicht mehr im Haushalt half, sondern nur noch vor dem Fernseher saß und sich von seiner 97jährigen Frau bedienen ließ, hat die ihren Mann einfach ausgesperrt. Nachdem die beiden sich mehrfach gestritten hatten, schickte sie ihn zum Einkaufen und ließ ihn anschließend nicht mehr in die Wohnung. Als der Pascha mit Rufen und Spazierstock-Schlägen lautstark Einlass begehrte und die Frau „Hilfe, Einbrecher!“ schrie, trat die Polizei auf den Plan. Die vermittelnden Beamten erinnerten das Paar an die außergewöhnliche Dauer ihrer Ehe. Wenn auch zögernd erklärten sich darauf die beiden bereit, es noch einmal miteinander zu versuchen.
Ich habe diese Geschichte bei einer Hochzeit erzählt. Alle haben gelacht. Natürlich. Aber dann wurden sie auf einmal auch ganz still. Die Geschichte wirkt ja über die Komik hinaus nach – vielleicht gerade, *weil* sie so absurd ist. Und der eine oder die andere mag da über die eigene Ehe nachgedacht haben: Wenn *die* das nach 75 Jahren Ehe schaffen, sich nochmal auf mehr Gegenseitigkeit einzulassen, dann müsste das doch wohl auch in *meiner* Ehe möglich sein – auch nach 15, 20 oder 25 Jahren.

Leider nicht der Normalfall

Man möchte das ja kaum für möglich halten: Da hat ein Schiedsrichter in einem Bundesligaspiel zwei offensichtlich korrekte Tore nicht gegeben. Der Ball war beide Male eindeutig im Tor gewesen, aber der Schiedsrichter befand auf „Abstoß". Natürlich wurde gleich wieder der Verdacht auf Manipulation laut; zu der Zeit waren die Zuschauer wegen diverser Skandale nicht gut auf Schiedsrichter zu sprechen.

Aber was tat der Mann? Er stellte sich noch am selben Abend dem Fernsehtribunal und sah sich die Zeitlupenaufnahmen der betreffenden Tore sorgfältig an. Und gab dann in aller Öffentlichkeit zu, dass er sich da geirrt habe und dass die beiden Entscheidungen Fehlentscheidungen seinerseits gewesen seien. Er hätte die Verantwortung seinem Assistenten, dem mitgelaufenen Linienrichter zuschieben können – schließlich hatte er sich ja nach dessen Fahne gerichtet – , aber er tat das nicht: Er nahm die Verantwortung auf *sich*. Er stand zu seinem Fehler.

Eigentlich sollte so etwas der Normalfall sein: dass einer, wenn er einen Fehler gemacht hat, nicht als erstes seinen Mitarbeitern, seinen Assistentinnen, Staatssekretären, Mitschülern oder sonst wie Beteiligten die Schuld gibt, sondern dazu steht: „Ja, das habe ich verbockt. Ich bin dafür verantwortlich." Aber es ist eben *nicht* der Normalfall; wir sind es anders herum gewöhnt. Darum wirkt das Verhalten dieses Schiedsrichters so erfrischend unglaublich.

Zu Ostern erinnern wir uns in den Kirchen an zwei Männer aus der Begleitung Jesu, die sich beide falsch verhielten, aber damit ganz unterschiedlich umgingen: Der eine, der Jesus an die Machthaber verraten hatte und hinterher erkannte, dass er damit einen Fehler begangen hatte, sah keinen anderen Ausweg mehr, als sich umzubringen. Er konnte weder vor sich noch vor anderen dazu stehen. Sein Name war Judas. Der andere aber, der Jesus auf eine ganz andere Weise verraten hatte, stand später zu dem, was er getan hatte und weinte über sich selbst. Sein Name war Petrus. Er wurde der Leiter der ersten christlichen Gemeinde in Jerusalem. Er hatte nichts beschönigt. Darum hat man ihm vergeben.

Der Heilige Geist im Bus

Wenn Sie zu Pfingsten in die Kirche gehen, werden Sie von jener ersten begeisterten Predigt des Petrus hören, mit der er ganz überraschend an die Öffentlichkeit trat. Und die eine Menge Leute für seinen Glauben gewann (Apostelgeschichte 2).

Ich möchte Ihnen von einer anderen Predigt erzählen, die sich auch überraschend an einem öffentlichen Ort ereignete: in einem Bus in New York, wenige Wochen nach der Amtseinführung von Barack Obama als US-Präsident 2009.

Früher Abend, der Bus voll müder Leute, die möglichst rasch heim wollen. Schon beim Einsteigen geht das Gedränge los; niemand will auf den nächsten Bus warten müssen. Man rempelt sich an, hie und da ein kurzer erboster Wortwechsel – kurzum, die Enge im Bus sorgt für eine gereizte Stimmung.

Aus irgendeinem Grund fangen zwei Kerle an, sich gegenseitig herum zu schubsen. Das ist natürlich nicht unkritisch in einem ohnehin überfüllten Bus. Da erhebt sich auf einmal eine laute Stimme hinter den beiden: „Hören Sie sofort auf! Ich sage: Hören Sie sofort auf! Oder verlassen Sie den Bus auf der Stelle!“ Die beiden Prügler sehen sich verdutzt um und halten inne. Der Rufer fährt fort: „Wir leben doch in einer neuen Zeit! Wir haben einen neuen Präsidenten. Wir sind jetzt *friedlich*!“

Offenbar aber hatten die beiden Streithähne diesen Präsidenten nicht gewählt: Sie fangen schon wieder an auszuteilen. Da wird der Rufer auf einmal zum Prediger: „Gentlemen, es ist Fastenzeit. Wir alle sollten an den Frieden denken. Ist es nicht das, was Gott von uns will?“

Und dann geschieht, womit wohl niemand rechnet: Die beiden hören auf mit ihrer Rangelei. Es herrscht erstaunte Ruhe im Bus. Fast *andächtige* Ruhe. Der Mann, der das erreicht hatte, war – wie Petrus – kein gelernter Prediger. Er war Betriebsrat in seiner Firma. Aber er hatte – wie Petrus – das richtige Wort zur richtigen Zeit gefunden. Damals bei Petrus sprach man von der Wirkung des Heiligen Geistes.

Hausarbeit

Dritte Welt in unserer Küche[3]

„Den Haushalt macht die Frau, klar. Kann sie besser, schließlich hat sie diese Sachen ja als Mädchen gelernt“, sagte der 31jährige Mann im Gespräch: „Ich helfe manchmal mit, aber leider bin ich zu sehr viel nicht in der Lage, weil ich beruflich viel um die Ohren habe.“ Seine Frau nicht? Sie ist Filialleiterin in einem Brotladen. Und kommt abends erst um sieben nach Hause.

Selten sind wir Männer so wenig um Ausreden verlegen wie in Sachen Hausarbeit. Selten betonen wir unsere Inkompetenz und unsere Ungeschicklichkeit wie dann, wenn es um diese sich ständig wiederholenden Tätigkeiten wie Putzen, Kochen, Abwaschen, Bügeln usw. geht. „Da komme ich nicht mit klar, und Bügeln und Zusammenlegen kann ich sowieso nicht“, ist eine Standardausrede der Ehemänner.

Und wir lassen unsere Frauen nur zu gern die Rolle weiterspielen, die unsere Mütter schon gespielt haben – und merken gar nicht, dass wir in dieser Hinsicht *Kinder* bleiben, die von der Mutter versorgt werden müssen.

Auf einer wichtigen Konferenz des Weltkirchenrates im Jahre 1979 kamen die Delegierten zu dem Ergebnis: Gerechtigkeit in menschlichen Beziehungen erfordert die Teilhabe der Betroffenen an den Entscheidungen und Aktivitäten, die ihr Leben wesentlich beeinflussen. „Gerechtigkeit erfordert Partizipation, Beteiligung“, hieß es.

Das war damals in gesellschaftspolitischer Hinsicht gemeint – vor allem im Blick auf das Verhältnis von Erster zu Dritter Welt. Aber ich meine, dieser Grundsatz gilt für alle menschlichen Beziehungen, in denen Rechte und Pflichten ungleich verteilt sind. Da gibt es ja auch Vergleichbares. Haben wir Männer denn nicht ein Stück Dritte Welt in unserer Küche zuhause: billige oder sogar meistens unbezahlte Arbeitskraft, die die Rohstoffe für unsere Grundbedürfnisse bereit stellt und die zudem noch finanziell weitgehend von uns abhängig ist – nämlich unsere Frau?

Partizipation, Beteiligung an den Dingen, von denen unser Leben und unser Wohlbefinden abhängen, ist nicht nur ein Recht, sondern auch eine Pflicht. Sie ergibt sich aus dem Grundsatz christlicher Ethik, dass die Lasten gemeinsamen Lebens gerecht zu verteilen sind.

---

[3] Die Radioandachten dieser Serie „*Hausarbeit*“ wurden ursprünglich 1986 gesendet. Seitdem hat sich allerdings nichts *Grundlegendes* geändert!

Wie eine Neuverteilung der Hausarbeit in jeder Familie im Einzelnen aussehen könnte, das werden uns unsere Frauen schon sagen, wenn wir sie fragen. Dass da auf uns Männer ein Stück Doppelbelastung zukommt, wie sie unzählige Frauen bisher ausgehalten haben, empfinde ich als eine Herausforderung, der wir uns stellen sollten: Das können wir auch!
Es gibt im Neuen Testament eine Geschichte, in der es ausdrücklich um Hausarbeit geht. Da ist Jesus zu Gast bei zwei Schwestern, Maria und Marta. Während Maria sich im Wohnzimmer mit Jesus unterhält, hat Marta alle Hände voll zu tun, die beiden zu bedienen und das gemeinsame Mahl vorzubereiten. Sie beschwert sich deshalb bei Jesus: „Macht es dir gar nichts aus, dass meine Schwester mich die Arbeit ganz allein machen lässt?" Und er antwortet ihr: „Marta, du sorgst dich um so viele Dinge, aber nur eines ist *notwendig* – und das hat Maria gewählt" (Luk 10, 38-42).
Was hätte Jesus wohl gesagt, wenn er nichts zu essen bekommen hätte?

Nicht freiwillig

„Also, ich habe echt den ganzen Tag was gemacht und trotzdem weiß ich nicht, was ich gearbeitet habe; man sieht gar nichts, man ist kaputt und weiß nicht warum." Die Frau, die dies erzählt, ist Hausfrau. Sie fährt fort: „Wenn ich meine Küche fertig habe, dann bin ich auch fertig!"[4]

Es ist an der Zeit, dass wir Hausarbeit als wirkliche „Arbeit" ansehen – und zwar Arbeit, die im Unterschied zu anderer Arbeit niemals zu Ende ist, deren Ergebnisse ständig zerstört werden und die trotzdem – ebenfalls im Unterschied zu einem Großteil aller anderen Arbeit – gesellschaftlich notwendig, ja überlebensnotwendig ist. Denn ohne die *materielle* Hausarbeit – die Bereithaltung von Nahrung, Kleidung, Wohnung – und ohne die auch zur Hausarbeit gehörende *Beziehungsarbeit* – Kinderbetreuung, emotionale Stützung der Familienmitglieder – ohne all dies kommt keiner von uns aus. Da geht es um Grundbedürfnisse.

Die, die diese Arbeit tun, wissen, dass sie vor allen Dingen eine Last ist. Die geringe Befriedigung, die Hausarbeit verschafft, wiegt die damit verbundene Belastung nicht auf. Dass diese Last – wie in unserer Gesellschaft – ganz selbstverständlich nach Geschlecht verteilt wird, nämlich den Frauen zugeschoben, ist charakteristisch für eine patriarchalische Gesellschaft, ist aber mit den Grundsätzen christlicher Ethik nicht vereinbar.

Natürlich gibt es Frauen, die ihre Hausfrauentätigkeit als Beruf verstehen und die diesen Beruf gern tun. Nur: die *Mehrheit* tut das eben nicht und würde sich eine ganz andere Arbeitsteilung wünschen. Dass Hausarbeit getan werden *muss*, heißt nicht, dass sie von *Frauen* getan werden muss. Vielmehr: weil sie für das Überleben *aller* unerlässlich ist, ist sie auch die Aufgabe *aller* im Hause. Weil *alle* Nutznießer dieser Arbeit sind, ist auch die damit verbundene Belastung auf *alle* zu verteilen. Und zwar nach dem Grundsatz der Gerechtigkeit.

„Gerechtigkeit" bedeutet seit den Tagen des Alten Testaments, dass jede und jeder zu ihrem Recht kommen. Auf die Frage der Verteilung der Hausarbeit übertragen, bedeutet das: Eine einseitige Verteilung der Hausarbeit, die von den Betroffenen nicht wirklich freiwillig ergriffen, sondern vor allem als Last empfunden wird, ist ungerecht, weil deren eigene Bedürfnisse zu kurz kommen. Das gilt vor allem für jene Frauen, die zunehmend auch außerhalb des Hauses er-

[4] Silvia Kontos/Karin Walser, . . . *weil nur zählt, was Geld einbringt. Probleme der Hausfrauenarbeit*, Gelnhausen u. a. 1979, 142

werbstätig sind. Aber auch diejenigen, die etwas geringschätzig als „Nur-Hausfrauen“ bezeichnet werden, haben Bedürfnisse, die über die materielle Hausarbeit und die Kinderbetreuung hinausgehen: Zeit für *sich* haben, Kontakte zu anderen, sich weiterbilden. „Nur“, sagen sie, „wie's ist, bleibt die Arbeit liegen, wenn ich sie nicht mache. Weil sie sonst keiner macht.“

Frauen finden von Natur aus genauso wenig Befriedigung in der Hausarbeit wie Männer. Die Verteilung der Hausarbeit ist eben keine Frage unserer Biologie, sondern der gesellschaftlichen Macht. Und die haben in unserer Gesellschaft seit langer Zeit wir Männer. Denn auch heute noch kommt die Verteilung von Chancen und Möglichkeiten vor allem *unseren* Bedürfnissen entgegen.

Es waren Männer, die dafür gesorgt haben, dass seit Beginn des Industriezeitalters die Frauen sich auf Kinder, Kirche und Küche konzentrieren mussten. Und es wird wieder an uns Männern liegen, ob Hausarbeit auch in Zukunft ungerecht verteilt bleibt.

Nicht anerkannt

„Manchmal habe ich das Gefühl, ich möchte weglaufen", sagte mir die Frau. „Tagaus, tagein dasselbe. *Ich* muss hier alles machen. Das wird von mir erwartet. Aber Anerkennung? Krieg ich nicht! Im Gegenteil: Die Männer ‚beneiden' mich noch, dass ich zuhause bleiben kann und mir den Tag einteilen, wie ich will. Als ob das überhaupt ginge!"

Die Frau ist Hausfrau – oder deutlicher: Haus*arbeiterin*. Nur wird ihre Arbeit nicht als „Arbeit" ernst genommen. Die Zeit, die eine Hausfrau mit der Hausarbeit verbringt – und das können pro Woche 50 Stunden oder mehr sein – wird nicht als „Arbeitszeit" gerechnet, sie wird nicht beim Bruttosozialprodukt unserer Gesellschaft mitgezählt, und sie wird schon gar nicht wie Arbeit bezahlt.

Wenn sie Glück hat, bekommt die Hausfrau ein Taschengeld. Wenn sie *kein* Glück hat, ist ihr Lohn die Liebe, die ihre Familie ihr entgegenbringt. Und die hängt von deren Laune ab. Einen *Anspruch* darauf hat die Hausfrau nicht. Sie hat vor allem die Ansprüche der *anderen* zu erfüllen.

Nach einer bundesweiten Umfrage von 1985[5] fühlen sich 92% der deutschen Männer, die mit einer Frau zusammenleben, durch Hausarbeit kaum belastet – und das ist kein Wunder. Denn sie tun zuhause nichts – oder so erbärmlich wenig, das es unfassbar ist. Zum Beispiel bügeln 87% der Männer, deren Frauen ebenfalls erwerbstätig sind, niemals ihre eigenen Hemden. Die Doppelbelastung überlassen sie getrost ihren Frauen.

Ein Großteil der betroffenen Frauen aber leidet unter ihrer Lage seelisch und körperlich. In der Medizin gibt es den Begriff des „Hausfrauensyndroms". Nur die wenigsten Hausfrauen haben sich ja wirklich freiwillig für diese Arbeit entschieden – am allerwenigsten diejenigen unter ihnen, die auch außerhalb des Hauses erwerbstätig sind.

Angesichts dieser Tatsache erscheint es mir fast unglaublich, dass Theologen in Deutschland, die allenthalben in der Welt die Ungerechtigkeit sozialer Verhältnisse anprangern – in der Dritten Welt ebenso wie in der industriellen Arbeitswelt bei uns – kein Wort über die Hausarbeit und ihre ungerechte Verteilung verlieren: Es gibt keine „Ethik der Hausarbeit", und in den Lehrbüchern der Ethik kommt sie als Thema nicht vor. Saarbrücker Pfarrer werden auf Befragen ganz deutlich: „Dieses Thema ist für uns nicht interessant!"

---

[5] BRIGITTE 22/ 1985: „*Ehe und Familie*". Eine Repräsentativuntersuchung des Instituts für Demoskopie Allensbach.

Da war Martin Luther, Vorbild unzähliger evangelischer Pfarrer, schon ein gutes Stück weiter. Er hielt es für ganz und gar angemessen, dass Ehemänner sich an der Hausarbeit beteiligen:

„Wenn ein Mann hinginge, wüsche die Windel oder beschäftigte sich sonst mit der alltäglichen Pflege des Kindes, und jedermann verspottete ihn und hielte ihn für unmännlich, für den Sklaven einer Frau, obwohl er es doch aus dem christlichen Glauben heraus verrichtete – antworte: Wer spottet hier am feinsten? Gott freut sich darüber mit allen Engeln und Geschöpfen"[6].

[6] Martin Luther, *Vom ehelichen Leben*, 1522.

Augenöffner:
Szenen aus Filmen

Der zweite Versuch

Diese Szene sah ich neulich in einem Film:
Der Hauptdarsteller kommt aus seinem Haus, sieht eine leere Cola-Dose auf der Straße liegen, hebt sie auf und versucht, sie in den einige Meter entfernt stehenden offenen Mülleimer zu werfen. „Wenn ich treffe, ist heute mein Glückstag", sagt er – und wirft total daneben. War wohl nichts mit dem „Glückstag", oder? Aber der Mann gibt nicht so schnell auf und hilft seinem Glück ein bisschen auf die Sprünge: „Wenn ich beim zweiten Versuch treffe, ist heute mein Glückstag!" – und trifft. Natürlich – der Film muss ja weitergehen.
Aber gar keine schlechte Idee: das Glück nicht sich selbst überlassen, sondern nachhelfen und beharrlich sich seinen Glückstag selbst schaffen. Ich kenne das bei mir selbst – diese kleinen Alltags-Aktionen, die, wenn sie gelingen, mich zuversichtlicher machen: den Papierkorb mit der Papierkugel treffen, die richtigen Spalten zwischen den Pflastersteinen im richtigen Rhythmus betreten, genau im richtigen Moment zwischen den Tropfen aus der lecken Dachrinne durchschlüpfen. Aber selten gestehe ich mir einen zweiten Versuch zu. Jedenfalls hat der dann nichts mehr mit „Glück" zu tun.
Natürlich ist das alles Aberglaube, aber einer von der eher harmlosen und alltäglichen Art. Und jetzt hat mir dieser Cola-Dosen-Mann noch einmal gezeigt, dass beharrliche Versuche ebenso zum Gelingen gehören wie „Glück haben". Dass mir ein Tag gelingt, also mein Glückstag wird, ist sicherlich ein Geschenk; aber auspacken muss ich das Geschenk schon selber.

Wie im Himmel, so auf Erden

Ein wunderbarer Film, der in Saarbrücken mehr als zwei Jahre in ein und demselben Kino lief. Er heißt „Wie im Himmel“ – genauso wie in der Zeile im Vaterunser „wie im Himmel, so auf Erden“. Er erzählt auch davon, wie man auf Erden manchmal wie im Himmel sein kann.
Der Film handelt von einem berühmten Dirigenten, der sich und sein Orchester zu immer größeren Leistungen schindet, bis er eines Tages mit einem Herzanfall zusammenbricht, aussteigt und sich in das Dorf seiner Kindheit in Nordschweden zurückzieht. Er möchte dort ausspannen, wird aber von den Dorfbewohnern überredet, die Leitung des Kirchenchores zu übernehmen. Dieser Chor repräsentiert in jeder Hinsicht den Durchschnitt der Dorfbevölkerung. Seine gesangliche Qualität ist dementsprechend begrenzt.
Aber die Amateure lassen sich von dem neuen Chorleiter begeistern. Sie entwickeln sich zu einer kleinen Gemeinde; sie lernen, sich einander zu öffnen, jahrelang gärende Konflikte und Verletzungen zu benennen und ihre Ängste zu verlieren. Das gefällt nicht allen im Dorf. Der Pastor fürchtet um seine Macht ebenso wie der prügelnde Ehemann einer der Sängerinnen.
In all den Konflikten wächst der Chor, erkennt mit seinem Dirigenten, dass man die Angst besiegen, einander lieben und erst dann wirklich aus vollem Herzen singen kann. Gibt es ein schöneres Bild für eine menschliche Gemeinschaft?
Dabei ist das Ganze überhaupt nicht kitschig oder idealisiert. Die Konflikte sind schmerzhaft, und es gibt keine Patentlösungen. An einer Stelle sagt die Frau des Pastors zu ihrem Mann: „Gott vergibt uns nicht, weil er uns gar nicht erst verdammt!“
Ein begeisterter Kritiker schrieb von dem Film: „Vielleicht kommt man nicht als besserer Mensch aus der Vorstellung – zumindest aber mit dem Wunsch, sofort einem Chor beizutreten.“

Ganz nah und ganz weit weg

Ein junger Mann nimmt eine blinde junge Frau an die Hand, und sie laufen durch die Stadt. Sie ist glücklich: Zum ersten Mal seit Jahren ist sie wieder richtig *gelaufen;* sonst tastet sie sich mit ihrem Blindenstock nur langsam vorwärts.
Die Gegend in der Nähe ihrer Wohnung kennt sie gut. Da kann sie ihn loslassen und sagt ihm auch: „Hier kenne ich mich aus, du brauchst mir nichts zu sagen!" Prompt läuft sie in die Absperrung einer Baustelle, die erst seit gestern existiert. „Warum hast du mir denn nichts gesagt?" protestiert sie. „Du hast mir doch *gesagt*, dass ich dir nichts sagen soll!" wehrt er sich.
Eine Szene aus einem der schönsten Filme des Max-Ophüls-Festivals 2009, der dann auch den Publikumspreis gewonnen hat: „Ganz nah bei dir". Mit dem Blindsein seiner neuen Freundin kommt dieser junge Mann in dem Film erst sehr langsam zurecht. Das ist für ihn eine fremde Welt.
In einer Szene möchte er ihr etwas vorführen, was er gut kann: Pantomime. Nach einer Weile fragt sie, die gespannt darauf wartet, dass er endlich anfängt: „Warum sagst du denn nichts?" „Das geht ohne Worte", sagt er – ohne zu merken, dass es bei ihr so überhaupt nicht geht.
In einer anderen Szene schenkt er ihr ganz stolz eine wunderschöne Sonnenbrille. Und versteht nicht, wie verletzt sie ist, dass er so unsensibel sein kann. Natürlich bekommen die beiden sich am Ende – es ist eine Komödie! – , aber bis dahin muss dieser junge Mann noch eine Menge lernen: Er, der die gesunden Augen hat, kann eigentlich nichts sehen. Jedenfalls das Wesentliche nicht. Das man nur mit dem Herzen sehen kann. Gott sei Dank ist das Herz lernfähig.

Der falsche Ort

„Zur falschen Zeit am falschen Ort“ hieß ein Dokumentarfilm, der beim Saarbrücker Max-Ophüls-Festival 2006 präsentiert wurde.
Er erzählt ein authentisches Ereignis in einem Dorf in der Uckermark, nördlich von Berlin: Dort hatten einige Jahre zuvor drei Jugendliche einen gleichaltrigen Jungen gehänselt, misshandelt und schließlich zu Tode getreten. Der Bürgermeister des Dorfes verwahrte sich ausdrücklich gegen den Vorwurf in den Medien, hier handele es sich um ein besonders gewalttätiges Dorf. Und dabei fiel der Satz, der dann dem Film den Namen gegeben hat: „Der Junge war halt zur falschen Zeit am falschen Ort!“ Auf Deutsch: „Der war doch selber schuld!“
Noch seltsamer verhielten sich Eltern, die ebenfalls zu Worte kamen. Natürlich billigten sie das Vorgehen ihrer Kinder nicht. Jedenfalls verbal. Aber dann zeigte der Film in einer langen Einstellung, wie einer der Väter zusammen mit einem anderen einen offensichtlich geistig und körperlich gehandicapten Mann hänselten, ihn gegen seinen lautstarken Protest voll bekleidet ins Wasser schubsten, sich dabei köstlich amüsierten und hinterher, als er in seiner nassen Kleidung fror, ihm spöttische Belehrungen zuteilwerden ließen: „Ja, wie kann man auch mit seinen Sachen ins Wasser gehen? Ist ja kein Wunder, dass man hinterher friert!“
Vielmehr: Kein Wunder, wenn Jugendliche, die in einer solchen Atmosphäre aufwachsen, gewalttätig werden. Sie kopieren doch nur ihre erwachsenen Vorbilder. Dass dieses Dorf in der Uckermark lag, war eher zufällig. Es hätte auch irgendwo im Saarland sein können. Gewalt – ob ost- oder südwestdeutsch – fängt dann an, wenn man einen anderen nicht in Ruhe lässt, der klar und deutlich sagt: „Nein, ich will das nicht!“

Es steckt in uns allen

Ein alter einsamer Mann, von den Folgen eines Schlaganfalls gezeichnet. Allein in seiner verkommenen Wohnung. Die Speisen im Kühlschrank verschimmeln. Sein Sohn besucht ihn und teilt dem Vater ultimativ mit: „Morgen kommt eine junge Frau, die wird dir hier mit dem Haushalt helfen. So geht das nicht weiter!" Der Vater reagiert empört: „Die brauche ich nicht! Soll sie mir den Arsch abwischen? Ich komme alleine klar. Hast du meine Zigarillos mitgebracht?" Sie streiten; der Vater beharrt aggressiv auf seiner Unabhängigkeit. Und seiner Einsamkeit.

Dieser Kurzfilm „Der alte Mann und das Mädchen", zu sehen beim Max-Ophüls-Festival 2009 in Saarbrücken, ist damit aber noch nicht zu Ende. Am nächsten Morgen erhält der alte Mann nämlich einen Anruf. Nadja, die junge Frau, ist im Auto unterwegs zu ihm und meldet sich per Handy vorsorglich an. Er weist sie brüsk zurück: „Bleiben Sie bloß, wo Sie sind. Ich will Sie nicht haben!" Er wird immer ausfallender, während sie darauf besteht, dass sie bereits bezahlt worden sei.

Durch dieses Streitgespräch wird sie abgelenkt, kommt in einer Kurve von der Straße ab und landet auf einem einsamen Feld auf dem Dach; sie wird im Auto eingeklemmt. Er hört am anderen Ende eine Weile gar nichts, dann ihr Stöhnen. Er ist nun ihre einzige Verbindung zur Außenwelt. Wider Willen macht er sich Sorgen um sie und fragt immer wieder ins Telefon: „Was kann ich denn für Sie tun?" Er informiert die Polizei. Bis diese kommt, kann er ihr nicht wirklich helfen, aber er kann ihr die Angst nehmen. Und so singt er ihr über das Telefon das alte Abendlied vor, das seine Mutter ihm immer beim Schlafengehen gesungen hatte: „Der Mond ist aufgegangen". Zusehends wird sie ruhiger. Sie überlebt.

Wir erleben in diesem Film die Verwandlung eines Menschen: Aus einem, der mit anderen nichts zu tun haben will, wird, wenn er gebraucht wird, einer, der sich sorgt und der trösten kann. Es steckt in uns allen.

Besondere Tage

Neujahr

Neujahrswünsche deutscher Männer, als sie von einer auflagenstarken Boulevardzeitung danach gefragt wurden: „Ich möchte mein Haar wieder haben". Oder: „Ich wünsche mir, dass mein Vater noch mal für einen Tag leben würde". Oder: „Ich möchte wieder Freunde haben wie in meiner Schulzeit."
Es tauchte auch dieser eigenartige Wunsch auf: „Ich wünsche mir, dass meine Frau nicht zu arbeiten brauchte. Ich möchte beweisen, dass ich eine Familie genauso gut ernähren kann wie mein Vater". Ganz so, als sei die Arbeit der Frau ein Makel auf der Weste des Mannes, ein Beweis für seine Inkompetenz.
Nicht nur in dieser Hinsicht waren die meisten genannten Wünsche vornehmlich rückwärts orientiert: in Richtung auf die „gute alte Zeit", in der die Dinge noch stimmten. In der klar war, was ein Mann war, ohne dass man darüber ständig reden musste.
Die genannte Boulevardzeitung äußerte sich in einem Kommentar verwundert darüber, dass keiner der Befragten sich Ruhm oder Reichtum oder ein Rendezvous mit Claudia Schiffer gewünscht habe. Man könnte sich aber auch darüber wundern, dass kaum einer der Wünsche *nach vorn* gerichtet war – außer dem nicht ganz ernst gemeinten Seufzer, dass doch eine Rasensorte erfunden werden möge, die nie länger als 5 cm wächst. Um sich das lästige Rasenmähen sparen zu können.
Die „wahren Männerwünsche", wie die Zeitung sie überschrieb, waren im Wesentlichen nostalgische resignierte Blicke über die Schulter zurück. Keine Zielvorstellungen, keine Horizonterweiterung, kein Blick über den Tellerrand. Das Wünschen dieser Männer enthielt keine Triebkraft, setzte keine Energie frei, veränderte nichts mehr. In gewisser Weise waren sie wunschlos unglücklich.
Vielleicht waren auch Christen unter ihnen. Und vielleicht hatten diese vergessen oder verdrängt oder verlernt, dass sie aus einer Tradition kommen, in der es von *nach vorn* gerichteten Wünschen nur so vibriert: Wünsche, die begeistert haben und angesteckt und angetrieben. Und gestärkt und getragen und getröstet, wenn die gegenwärtige Lage ihnen nicht entsprach. Einige von ihnen sind in Gebetsform in jenem Gebet enthalten, das alle Christen in der ganzen Welt kennen und das aus lauter Wünschen besteht: dem Vaterunser. Einer von diesen Wünchen lautet: „Dein Reich komme" – damit die Welt und wir andere werden. Und nicht, damit alles wieder so wird wie früher.

Valentinstag

Leuchtend gelb wie das Sonnenlicht – für mich die schönsten Blumen überhaupt: die Narzissen. Schöner noch als die Rosen, die heute zum Valentinstag verschenkt werden.

Ihren Namen haben die Narzissen von einer alten griechischen Geschichte. Sie erzählt von dem jungen Mann Narziss, der sich unsterblich in die Schönheit seines eigenen Gesichts verliebt hatte. Oft saß er am See und betrachtete verliebt sein Spiegelbild. Eines Tages fiel ein Blatt ins Wasser und brachte das schöne Abbild durcheinander. Der junge Mann erschrak, weil er meinte, er fange an, hässlich zu werden, und stürzte sich selbst ins Wasser. Nach seinem Tode wurde er in eine Narzisse verwandelt.

Dieser Narziss stirbt an seiner Selbstverliebtheit. Wir nennen diese darum auch „Narzissmus“: Sich selbst für den schönsten und besten halten. Aber das ist nicht dasselbe wie „Selbstliebe“. Selbstverliebtheit ist Eitelkeit, Selbstliebe hingegen ist notwendig.

Wieso? Weil man ohne Selbstbejahung und Selbstliebe auf Dauer nicht leben kann. Wenn Jesus in den Evangelien sagt: „Du sollst deinen Nächsten lieben *wie dich selbst*“, dann geht er eigentlich davon aus, dass jeder Mensch sich schon selbst liebt: dass jeder Mensch anerkannt und gelobt werden will. Dass jeder Mensch in dieser Welt einen Platz haben will, den ihm keiner streitig macht.

Dazu muss man niemanden auffordern. Das Liebesgebot besteht darum in der Aufforderung, das, was ich für mich selber will, nun auch für die Menschen um mich herum zu wollen. In seiner Bergpredigt sagt Jesus das so: „Was ihr wollt, dass euch die Leute tun, das tut ihnen auch!“ (Matth 7, 12) Selbstliebe ist die *Voraussetzung* von Liebe. Daran dürfen wir uns gerade am Valentinstag erinnern lassen.

Ostern

Vor ein paar Jahren standen große Plakatwände in unseren Städten – eine Kampagne der Evangelischen Kirche in Deutschland: *„Woran denken Sie bei ‚Ostern'?"* Und dann gab es, wie bei der Quizshow „Wer wird Millionär?", vier mögliche Antworten zum (gedanklichen) Ankreuzen:

- Ferien
- Cholesterin
- Jesu Auferstehung
- Langeweile mit der Familie

Es fehlte der Hinweis: „Mehrfachnennungen sind möglich". Weil niemand bei Ostern *nur* an die Auferstehung Jesu denkt. Auch die Frommen nicht. Denn auch für sie ist es ein Familienfest, das in den Ferien liegt. Eine 13jährige Schülerin antwortete übrigens auf die Frage des Plakats mit bewundernswerter Offenheit: „Was soll mir dabei einfallen? Ostern ist Ostern. Irgendwas war da mit Jesus. Was da genau war, weiß ich nicht".

Was da genau war, weiß niemand. Und das wusste schon damals, vor 2000 Jahren, niemand. Was in den Evangelien über die Auferstehung Jesu geschrieben steht, sind Bilder und Metaphern, nicht Reportagen. Das Grab Jesu war nicht leer; Auferstehung heißt ja nicht „Wiederbelebung eines Leichnams". Es fand auch nichts am „dritten Tag" statt: Diese Zahl kommt aus dem Alten Testament (z.B. Hosea 6,2) und ist eine symbolische Zahl – wie in „Ich zähle bis drei, dann….!"

Aber in der Zeit nach Jesu Tod haben Menschen offenbar die Erfahrung gemacht: „Der lebt ja! Der ist nicht tot zu kriegen!" Wie diese Erfahrungen genau aussahen, wissen wir nicht. Vielleicht waren es Visionen, vielleicht war es die Erfahrung, dass sein Geist weiterhin die Gemeinschaft seiner Anhänger prägte und unter ihnen lebendig war. Und das haben sie dann in der Sprache ihrer Zeit und mit den Bildern ihrer Kultur zum Ausdruck gebracht.

Und heute? Als ich noch Gemeindepfarrer war, habe ich natürlich auch die Kinder im Kindergarten mal gefragt, was ihnen zu Ostern einfiel. Das waren vor allem die Ostereier und der Osterhase. Weil der Osterhase, den es gar nicht gibt, immerhin handgreifliche Spuren in Form von bunten und süßen Eiern hinterlässt. Viel greifbarer als ein Christus, von dem zwar seit fast 2000 Jahren be-

hauptet wird, er lebe, der aber anscheinend so wenig Spuren hinterlässt. Oder? Es kommt, wie schon damals, auf die an, die das behaupten.
Kurt Marti, der Schweizer Pfarrer und Dichter, sagte zwei Zeilen zu der Frage, was denn der wesentliche Unterschied zwischen Christus und den Osterhasen sei (vermutlich hatten ihn das Kinder gefragt, die auch zu Weihnachten nicht so recht zwischen dem Christkind und dem Kind in der Krippe unterscheiden können):

christus lebt
und die hasen sterben

Die Hasen sterben. Für uns Erwachsene sind sie ja längst gestorben. Aber es gibt noch eine andere Art von Hasen, die uns bisweilen sehr zusetzen kann: Das ist der Angsthase in mir, in jedem/r von uns.
Das wäre Ostern heute: Wenn die Angsthasen in uns sterben und wir ein wenig mutiger, also österlicher ins Leben gehen. Und das wäre eine Spur, die der lebendige Christus in dieser Welt hinterlässt. Wie schon damals.

Mariä Himmelfahrt

Heute feiert die katholische Kirche das Fest „Mariä Himmelfahrt“ bzw. offiziell „Mariä Aufnahme in den Himmel“. Und die orthodoxen Christen gedenken des „Entschlafens der Gottesgebärerin“. Wir Protestanten haben einen unverdienten freien Tag. Das heißt, *verdient* hat ihn natürlich niemand. Er ist ein Geschenk unserer Geschichte.

Maria, die Mutter Jesu, steht bei uns Protestanten ein wenig im Schatten. Sie spielt in unserer Theologie kaum eine Rolle, obwohl noch Martin Luther ein ganz andächtiges Verhältnis zu ihr hatte. Ich möchte Ihnen aber eine Geschichte erzählen, in er mir persönlich Maria ganz nahe kommt. Es ist eine kleine Geschichte im Markus-Evangelium. Es geht darin nicht um Heiligenverehrung und nicht um Fragen der Rechtfertigung. Es ist die Geschichte einer Frau, die sich Sorgen um ihren Sohn und um die Familie macht.

Eines Tages kamen Maria und ihre anderen Söhne und blieben vor dem Haus stehen, in dem Jesus gerade predigte. Die Leute drinnen informierten Jesus: „Deine Mutter und deine Brüder stehen draußen und fragen nach dir“. Er antwortete: „Wer ist meine Mutter und wer sind meine Brüder? *Ihr alle* hier seid meine Mutter und meine Brüder!“ (Mark 3, 31–35)

Die Geschichte erzählt nichts davon, ob Maria diese Antwort mitbekommen hat. Wenn ja, dann hat sie ihr bestimmt weh getan. Denn, ganz gleich, was Jesus damit *meinte:* Sie musste das Gefühl haben, dass er sie, seine Mutter, verleugne. Wenn mir als Vater das passieren würde, wäre ich jedenfalls sehr verletzt.

Ich als Vater kann mit ihr fühlen. Diese Geschichte aus dem Markus-Evangelium macht, dass ich Maria nicht vergessen möchte. Auch als Protestant.

St. Michael

Heute ist der Gedenktag des Erzengels Michael. In der Bibel, im Buch der Offenbarung, wird er als gewaltiger Krieger vorgestellt: einer, der das Böse in Gestalt eines hässlichen Drachens endgültig besiegt. In der darstellenden Kunst tritt er darum immer in einem glänzenden Panzer auf, mit einem Speer in der Hand.
Andere Engel erfahren in der darstellenden Kunst eine seltsame Geschlechtsumwandlung: Als Putten werden sie gewöhnlich als kleine Buben dargestellt, mit gut sichtbarem Penis unter den zu kurzen Hemdchen, aber als „erwachsene" Engel mit den langen Gewändern und langen Haaren haben sie etwas eindeutig Weibliches an sich.
Solche Engelsbilder entspringen unserer menschlichen Fantasie und kommen unserem Schutzbedürfnis entgegen. Von Engeln wünschen sich ja viele fürsorglich-mütterliche Begleitung. Daraus leitet sich die Gestalt des Schutzengels ab. Und wenn wir zu hilfsbereiten Menschen manchmal sagen: „Du bist ein Engel", kommt das auch daher.
Ich glaube nicht, dass Gott Engel braucht, um uns Gutes zu tun und auf uns aufzupassen. Aber ich weiß: Viele Menschen möchten sich die Vorstellung eines Engels bewahren. Für sie ist es zu abstrakt, sich „guten Mächten" anzuvertrauen, bei denen wir „wunderbar geborgen" sind – wie Dietrich Bonhoeffer das in seinem Lied sagt.
Sie möchten sich ein *Gesicht* vorstellen können – ein Gesicht, das sie nicht aus den Augen lässt. So wie wir uns am Schluss jedes Gottesdienstes den Segen mit einem Bild-Wort zusprechen: „Der Herr lasse sein Angesicht aufgehen über dir und sei dir gnädig".
Engel sind Hilfen, mit denen wir uns Gottes Nähe vorstellen. Martin Luther sagte einmal: „Wenn du einen Engel zum Freund hast, brauchst du die Welt nicht zu fürchten".

Erntedank

„Alles habe ich selbst erreicht, nichts wurde mir geschenkt“, behauptete der französische Staatspräsident Nicolas Sarkozy während seines ersten Wahlkampfes. Und dass er so denkt, glaubt man ihm gern: Er strotzt – auch lange nach dem Wahlkampf – vor Selbstbewusstsein. Aber das heißt ja nicht, dass er Recht hat. Dass ihm tatsächlich nichts geschenkt wurde und er alles nur sich selbst zu verdanken hat.

Um zu dieser Selbsteinschätzung zu kommen, hat Sarkozy in seinem Leben wohl einige Widerstände und Schwierigkeiten überwinden müssen. Doch warum ist das für einen Menschen so wichtig, alles *selbst* geschafft zu haben? Sich buchstäblich selbst *erschaffen* zu haben?

Heute am Erntedanktag nutzen wir die Gelegenheit, innezuhalten und – über das tägliche Brot hinaus – darüber nachzudenken, wie wenig wir uns selbst verdanken. Wie sehr wir angewiesen sind auf andere – angefangen von unsern Eltern über die Menschen, von denen wir gelernt haben, was wir wissen und was wir können, bis hin zu denen, die uns mit Geduld begegnen und uns Freiraum lassen für unsere Eigenarten.

Keiner ist fertig vom Himmel gefallen. Wir alle sind so, wie wir sind, *geworden* – durch andere Menschen, durch günstige Umstände, für die wir selbst gar nichts konnten, und natürlich nicht zuletzt durch unsere Anlagen und Talente, die uns mitgegeben wurden. Mit dem Akzent auf „gegeben“. Oder noch deutlicher: „geschenkt“.

Ja, wir alle – ein bestimmt hart arbeitender Staatspräsident wie Sarkozy eingeschlossen – sind Beschenkte. Wenigstens einmal im Jahr, am Erntedanktag, sollten wir Gott dafür danken.

Bußtag

In der evangelischen Kirche gibt es eine starke Bewegung für die Wiedereinführung des Buß- und Bettages als eines öffentlichen Feiertages. Ich bin dagegen. Weil ich keine überzeugenden Argumente für diesen Feiertag, der mal von einem Kaiser wegen drohender Feindesgefahr eingerichtet wurde, sehen kann: Man wollte Gott für die eigene Seite vereinnahmen.
Nicht, dass ich den Werktätigen nicht einen zusätzlichen freien Tag gönnen würde – aber wenn überall Abstriche gemacht werden, um die Lohnnebenkosten zu senken, dann können wir, glaube ich, eher auf einen solchen freien Tag verzichten als auf volle Lohnfortzahlung im Krankheitsfall oder auf sofortige Auszahlung von Arbeitslosengeld im Fall des Verlustes der Arbeitsstelle.
Aber das ist gar nicht der Punkt. Eingeführt wurde der Bußtag als nationaler Feiertag zu einer Zeit, als noch eine enge Verbindung zwischen Staat und Kirche bestand. Theologisch gibt es keinen Grund, an einem solchen Tag festzuhalten. Jeder Christ und jede Christin sollte *jederzeit* bereit sein, über die eigene Lebensführung kritisch nachzudenken und darüber Rechenschaft abzulegen. Martin Luther sprach in seinen 95 Thesen mit Recht davon, dass „Buße" in diesem Sinne ein *lebenslanges* Geschäft sei und nicht auf einzelne Termine oder Aktionen zu beschränken.
Auch brauchen wir keinen zusätzlichen Ruhetag, um zu uns selbst zu finden. Wer die 52 Sonntag im Jahr und die weiterhin bestehenden zusätzlichen sieben kirchlichen Feiertage nicht dafür nutzt, wird das auch nicht an einem weiteren freien Tag tun. Ich könnte mir aber einen Tag vorstellen, der ohnehin frei ist und der sich vorzüglich dafür eignet, kritisch über unsere Beziehungen als Deutsche untereinander, aber auch als deutsches Volk zu andern Völkern in der Welt nachzudenken – auch in einem Gottesdienst: Das ist der 3. Oktober, der Tag der deutschen Einheit. Der Präses der Evangelischen Kirche im Rheinland Peter Beier hat den Festgottesdienst zum Tag der deutschen Einheit 1993 in Saarbrücken zum Ärger des damaligen Bundeskanzlers Kohl bewusst zu einem Buß-Gottesdienst umfunktioniert. Nur hat es ihm seitdem leider keiner nachgetan.

St. Barbara

Es ist ein alter Brauch, am heutigen Barbara-Tag Zweige vom Kirschbaum abzuschneiden, ins Wasser zu stellen und darauf zu hoffen, dass sie an Weihnachten aufgeblüht sind. Das tun sie tatsächlich. Es soll – in einem *allgemeinen* Sinn – ein gutes Zeichen für die Zukunft sein. Die christliche Legende bringt – in einem *bestimmten* Sinn – den Brauch mit der heiligen Barbara in Verbindung.
Barbara, die trotz Folter und Gefängnis an ihrem christlichen Glauben festhielt, soll im Gefängnis kurz vor ihrem Tod einen verdorrten Kirschbaumzweig mit Tropfen aus ihrem Trinknapf benetzt haben. Als der Zweig in ihrer Zelle erblühte, habe sie Trost und Bestätigung für ihre Glaubensfestigkeit darin gefunden.
Aber schon lange vor Barbara und vor dem Christentum wurden solche Zweige – wiederum in einem *anderen* Sinn – als Orakel verwendet. Wenn man vor Wintereinbruch das Vieh von den Weiden in die Stallungen trieb, nahm man solche Zweige von den Bäumen mit; zur Wintersonnwende schloss man aus der Anzahl der Blüten auf die Fruchtbarkeit des darauffolgenden Jahres.
Also erst durch die Verbindung mit der Barbara-Legende ist der Brauch verchristlicht worden. Und das gilt ja für viele Bräuche: Der Termin des Weihnachtsfestes zum Beispiel geht zurück auf ein römisches Sonnwendfest. Den tatsächlichen Termin der Geburt Christi kennen wir überhaupt nicht. Man erkennt daran, wie bestimmte Bräuche in einen neuen Glauben mit neuer Bedeutung „einwandern“.
Der christliche Glaube ist in etlichen seiner äußeren Erscheinungsweisen eine Zusammenstellung, ein „Patchwork“, unterschiedlicher Traditionen der Antike und des Mittelalters. Ich halte das für einen Ausdruck seiner Freiheit. Und es kann ein Ausdruck ernsthafter religiöser Suche sein, wenn sich *heute* Menschen aus verschiedenen religiösen Traditionen zusammensetzen, was ihnen glaubenswert erscheint.

St. Nikolaus

In Amerika sitzen in den Wochen vor Weihnachten in den Kaufhäusern Weihnachtsmänner, die die Kinder der Kunden einladen, zu ihnen auf den Schoß zu klettern und ihnen ihre Weihnachtswünsche ins Ohr zu flüstern. Manche Kinder nehmen das sehr ernst, andere absolvieren diese Kletterpartie eher als eine Pflichtübung, um ihre Eltern nicht zu enttäuschen.
Vor einigen Jahren nun ereignete sich in einem New Yorker Kaufhaus folgendes: Ein sechsjähriges Mädchen kletterte also dem Weihnachtsmann auf den Schoß… und kam gar nicht wieder herunter. Sie redete auf den Mann ein, fragte, hörte zu und redete wieder. Als sie schließlich herunterkletterte, fragte die Mutter sie etwas vorwurfsvoll: „Kind, was hast du denn die ganze Zeit erzählt?" Darauf die Kleine: „Mama, ich weiß doch, dass er nach Weihnachten arbeitslos ist, und da hab ich ihm von der Stelle in Papas Büro erzählt, die nächstes Jahr frei wird."
Nach Weihnachten ist der Nikolaus arbeitslos! Vielleicht dachte das Mädchen ja an den Nikolaus als reale Figur, die halt nur vor Weihnachten Arbeit hat und nach dem Verteilen der Geschenke den Rest des Jahres eben nichts zu tun hat. Und wie das Kind am Ende von Andersens Märchen „Des Kaisers neue Kleider" so erfrischend unbefangen rufen kann: „Aber er hat ja gar nichts an!", so hat sich auch dieses Mädchen Gedanken gemacht, was denn *nach* Weihnachten aus Weihnachten wird. Wie denn Weihnachten und Alltag zusammenpassen.
Zu Weihnachten sind wir in besonderer Weise geneigt, aus unserem Alltag herauszutreten und die Probleme, die uns sonst belasten, zu vergessen. Das gehört auch zu einem Fest dazu, und den einen gelingt es, anderen nicht so gut. Wem es gelingt, dem ist es wie ein Atemholen der Seele, das wir alle einmal brauchen.
Aber Weihnachten *löst* unsere Probleme nicht: Wer *vor* Weihnachten arbeitslos ist, ist es vermutlich *nach* Weihnachten auch. Aber Weihnachten kann uns Mut machen, auf das, was uns Sorgen macht, anders und neu zuzugehen. Zu Weihnachten reden wir von der „Menschwerdung Gottes". Das heißt, Gott ist Mensch geworden, um sich einzumischen. Er löst nicht einfach unsere Probleme, aber er arbeitet mit uns und durch uns daran. Gott wird nach Weihnachten nicht arbeitslos. Im Gegenteil.

Auf den Spuren Wilhelm Buschs

Sucht

*„Es ist ein Spruch von altersher:
Wer Sorgen hat, hat auch Likör“,*

sagt Wilhelm Busch in seiner „*Frommen Helene*“. Und zeigt und erzählt in dieser Bildgeschichte, wie Lenchen auch ohne Sorgen gern zum Likör greift. Vor über 100 Jahren ist er gestorben: der Vorreiter des deutschen Humors.

Dabei gab es in seinen Geschichten nicht immer was zu lachen. Manche Perle an Lebensweisheit findet sich darin. Ich werde in den *Zwischenrufen* dieser Woche einige davon zum Glänzen bringen. Zum Beispiel diese Sache mit dem Likör. Oder genauer gesagt: diesen Zusammenhang von Sorgen und Alkohol.

Das war ja nicht nur damals so: Menschen, die sich Problemen gegenüber sehen, die sich nicht einfach lösen lassen, *neigen* nun mal dazu, diese auszublenden, sie zu verdrängen. Neigen dazu, sich abzulenken oder auch: sich zu betäuben. Als gingen die Probleme dann von selbst weg. Ich vermute, dass der rasant angestiegene Alkoholkonsum von Jugendlichen heute damit zusammenhängt, dass viele von ihnen sich um ihre Zukunft sorgen.

Wenn in der Bibel Briefeschreiber ihre Leser und Leserinnen dazu auffordern: „Sei nüchtern und seid hellwach!“ (z.B. 1. Thess 5,6; 1. Petr 5,8), dann ist das keineswegs nur ein moralischer Appell. Die wollten den Leuten nicht den Spaß am Leben nehmen. Wollten sie vielmehr auf ein andere Lebensqualität hinweisen und dazu einladen: nämlich bewusster, „wacher“ zu leben.

Einschließlich ihrer Probleme. Die eben nicht von allein weggehen, wenn wir sie nicht mehr so richtig sehen können. Oder nicht mehr dran denken. Wer Sorgen hat, *braucht* keinen Likör, sagen sie. Der kann sich ihnen stellen und – vielleicht mit anderen zusammen – an ihrer Lösung arbeiten. Oder sie aushalten lernen und daran wachsen.

Das Gute

„Das Gute, dieser Satz steht fest,
ist stets das Böse, was man lässt“,

kommentierte Wilhelm Busch die Abenteuer seiner *„Frommen Helene*“. Und äußerte damit eine Grundüberzeugung des Biedermeier: Wenn ich *nichts* tue, kann ich auch nichts verkehrt machen. Und so überließ der Angehörige des Biedermeier alle wichtigen Entscheidungen der Obrigkeit. Und akzeptierte sie.
Wilhelm Busch selbst war alles andere als ein Biedermann. Nur allzu oft machte er sich ja mit Bild und Wort über Vertreter dieses Lebensgefühls lustig – häufig mit spitzer Feder.
Das Gute ist das Böse, was man lässt. Heute lernen schon Grundschüler diesen Satz als Sprichwort: „Was du nicht willst, dass man dir tu, das füg auch keinem andern zu“. Auch hier so eine merkwürdige Grundhaltung der *Verweigerung*: Es geht darum, bestimmte Dinge *nicht* zu tun. Also am besten: Hände weg und sich raushalten!
Im Gegensatz dazu geht schon ein regelrechter Motivationsschub von der Umkehrung dieses Satzes aus, wie Jesus sie in seiner Bergpredigt seinen Hörern nahelegt: „Alles, was ihr wollt, dass euch die Leute tun sollen, das tut ihnen auch!“ (Mt 7, 12) Dieser Satz war für ihn die Zusammenfassung aller wichtigen Lebensregeln; man hat ihn deshalb auch „Goldene Regel“ genannt.
Natürlich könnte man auch hier sagen: „Ich will nicht, dass die andern *mir* was tun, also tue ich ihnen *auch* nichts!“ Das widerspräche aber dem Geist, der dahinter steht. Denn der möchte, dass wir *füreinander da* sind, und nicht, dass wir uns *voneinander fern* halten. Und so lädt er uns ein, mit anzupacken, wo ein anderer uns braucht – weil wir ja auch wollen, dass andere *für uns* da sind, wenn wir sie brauchen.
Darum ist *das* das Gute: für andere da sein, und nicht: Sich lieber nicht einmischen, damit man bloß nichts falsch macht.

Eltern und Kinder

„Vater werden ist nicht schwer,
Vater sein dagegen sehr“

dichtete Wilhelm Busch in seiner Bildergeschichte *„Julchen“*. Und stellte dann fest, dass zwar viele Männer Vater würden, sich dann aber nicht den damit verbundenen Aufgaben stellten.
Diese Tendenz ist sicher heute noch ähnlich – nur: Es werden gar nicht mehr so viele Männer Vater wie damals um 1900. Oder Frauen: Mütter. Es gibt jedenfalls jedes Jahr weniger Kinder. Mit den bekannten Folgen: Unsere Gesellschaft wird im Durchschnitt immer älter. Und demnächst werden immer weniger Rentenbeitragszahler für immer mehr Rentner aufkommen müssen.
Das liegt nicht nur an der scheinbar mangelnden Bereitschaft junger Ehepaare, Konsumverzicht zu leisten und in Kinder zu investieren. Unsere Gesellschaft *insgesamt* ist nicht kinderfreundlich. Daran ändert letztlich auch die Streckung des Elterngeldes oder eine Erhöhung des Kindergeldes nicht. Denn zu wenig wird investiert in Einrichtungen, die es Eltern z. B. ermöglichen würden, zugleich Familie *und* Beruf zu haben.

„Eltern werden ist nicht schwer, Eltern sein dagegen sehr“, müsste dieses geflügelte Wort heute lauten. Denn unsere Gesellschaft macht es wirklich nicht leicht, Eltern zu sein. Damit aber setzt sie ihre eigene Zukunft aufs Spiel.
Zur Zeit der Bibel war dieser Zusammenhang noch handgreiflicher. Wer kinderlos war, wurde gesellschaftlich geächtet. Denn er mutete ja anderer Leute Kindern zu, seine Altersversorgung mit zu übernehmen. Damals nämlich gab es keine Sozialversicherung. *Kinder* waren die Absicherung für die Zeit, wenn man sich selbst nicht mehr versorgen konnte. An diese Verpflichtung erinnert das vierte Gebot: „Du sollst deinen Vater und deine Mutter ehren“. Und „ehren“ hieß damals nicht „ihnen gehorchen“, sondern: „für sie aufkommen“.

Glauben und Wissen

„Nur was wir glauben, wissen wir gewiss“,

sagte Wilhelm Busch gegen Ende seines Lebens. Und er meinte das gar nicht ironisch, sondern völlig ernst. Obwohl es ja zunächst überraschend klingt. Denn gewöhnlich verstehen wir Glauben und Wissen als Gegensätze. In unserer Alltagssprache sagt man „Ich *glaube*“, wenn man etwas *nicht genau weiß* oder es nur vermutet: „Ich glaube, morgen wird es regnen“. Oder: „Ich glaube, die beiden haben sich getrennt“.

Seit dem Aufkommen der empirischen Wissenschaften wird das Wissen – also das, was man zuverlässig beweisen kann – gern ausgespielt gegen den Glauben. Der, so heißt es dann, spreche nämlich von Dingen, die man nicht beweisen und darum auch nicht gesichert und allgemein nachvollziehbar wissen kann. Wissen und Wissenschaft bildeten die zuverlässige Basis für alle wichtigen Entscheidungen im Alltag. Glaube dagegen war Privatsache, die sich einer leisten konnte – oder auch nicht. Diese Einstellung spielt bis heute eine Rolle im Streit um den Religionsunterricht an den Schulen oder für die Debatte zwischen Schöpfungsglaube und Evolutionstheorie.

Wilhelm Busch stellt sich quer zu dieser Schwarz-Weiß-Aufteilung: „Nur was wir *glauben*, wissen wir gewiss.“ Er dreht dabei aber nicht einfach den Spieß um und spielt nun seinerseits den Glauben gegen das Wissen aus. Für ihn sind die beiden gar keine Gegensätze, sondern Glauben ist eine besonders intensive Form von Wissen. Hat mit tiefen Überzeugungen zu tun, mit *Gewissheit*, statt mit Beweisen.

„Ich glaube“ heißt dann nicht: „Ich habe den Eindruck, dass…“, sondern: „Ich lasse mich darauf ein, ich verlasse mich darauf, ich vertraue, ich wage es….“ Wissen spielt sich im Kopf ab, Glaube eine Etage tiefer: Er ist das Wissen des Herzens.

Führung

„Erstens kommt es anders,
zweitens als man denkt“,

ulkte Wilhelm Busch in seiner Bildgeschichte von der „*Frommen Helene*“. Und brachte damit eine uralte Erfahrung auf den Punkt: Wir Menschen sind nur bis zu einem gewissen Grad Herr über unser eigenes Leben. Was wir in unserem Leben wollen und planen, ist *eine* Sache. Was aber daraus wird, ist nur allzu oft etwas ganz Anderes. Weil da noch mehr mitspielt: andere Menschen mit ihren Plänen, die äußeren Umstände, und: der Zufall oder die Führung. Also alles Faktoren, über die nicht *wir* bestimmen.
Da gibt es aber ein Sprichwort, nach dem wir doch als die Bestimmer unseres Lebens erscheinen: „Wie man sich bettet, so liegt man“. Und natürlich ist da was dran. Man kann – um in diesem Bild zu bleiben – eine harte Matratze wählen oder eine weiche, kann das Kopfende des Betts hoch oder flach stellen. Das Fenster öffnen oder geschlossen halten. *Aber* – ob man dann auch schlafen kann, ist eine ganz andere Frage. Denn da sind noch: die Mücke, die Schwüle, der Nachbar über uns. Und vor allem: Was ist am Tage nicht alles an ungelösten Problemen liegen geblieben, die seltsamerweise immer gerade nachts auf eine Lösung drängen.

Keiner von uns sucht sich das aus. Man liegt eben nicht nur so, wie man sich bettet. Wir bestimmen nur teilweise über unser Leben. Ein anderes Sprichwort sagt das so: „Der Mensch denkt, Gott aber lenkt“. Das kommt ursprünglich aus der Bibel. Dort heißt es ein wenig ausführlicher: „Des Menschen Herz erdenkt sich seinen Weg, aber Gott allein lenkt seinen Schritt.“ (Sprüche 16, 9) – Haben wir dann überhaupt einen freien Willen? Zurzeit wird diese Frage ja ganz intensiv diskutiert – überraschenderweise von den Hirnforschern. Man kann sie ehrlicherweise nur mit einem entschiedenen „Ja, aber….“ beantworten.
Eigentlich finde ich das auch ganz tröstlich: dass wir nicht total selbst für unser Ergehen verantwortlich sind. Dass wir auch geführt werden. Nicht immer, wohin wir wollen. Aber immer „von guten Mächten“.

Sein und Schein

„Kein Ding sieht so aus, wie es ist –
am wenigsten der Mensch,
dieser lederne Sack voller Kniffe und Pfiffe".

Darauf hat Wilhelm Busch in seiner Autobiografie hingewiesen. Und an einer anderen Stelle darin sagt er: „Du siehst nur die Weste, nicht das Herz".
Gerade in einer Zeit, die vor allem von Bildern und äußerem Anschein geprägt ist, tut es gut, sich daran zu erinnern: Was man äußerlich sehen kann, ist selten das Ganze oder gar das Wesentliche einer Sache oder einer Person.
Eigentlich wissen wir das. Und doch werden wir immer wieder vor allem durch Bilder beeindruckt und beeinflusst. In der Zeitung werden zu allererst (und manchmal ausschließlich) die Artikel gelesen, die ein Bild bei sich haben. Eine Tageszeitung hat sogar ihren Namen davon. In politischen Wahlkämpfen spielt bei den Auftritten der Kandidaten häufig weniger das Programm, für das sie stehen, eine Rolle als, wie sie „rüber kommen": mit welchem Minenspiel, mit welcher Körperhaltung. Selbst die Farbe ihrer Krawatte wird intensiv diskutiert: Was will er damit sagen?
„Kein Ding sieht so aus, wie es *ist* – am wenigsten der Mensch". Eine Einsicht, die wir vermutlich teilen, und der wir trotzdem alle selten folgen. Weil wir eben doch allzu oft nach dem äußeren Anschein urteilen. Auch über Menschen. Und wollen selbst andere durch vorteilhaftes *Aussehen* beeindrucken.
Vielleicht gehört das zu unserem Menschsein. Vielleicht können wir gar nicht anders. Dann ist die Erinnerung daran umso wichtiger, dass wir mit dieser Sichtweise andere nur ganz beschränkt erfassen. „Der Mensch sieht, was vor Augen ist. Gott aber sieht das Herz an", heißt es in der Bibel (1. Sam 16, 7). Sie macht daraus keinen moralischen Vorwurf. Im Gegenteil, sie stellt fest: Uns Menschen sind in dieser Hinsicht Grenzen gesetzt. Wir *können* das Wesentliche nicht mit unseren Augen erfassen. „Das Wesentliche ist unsichtbar" (A. Saint-Exupéry).

Der Mensch ist gar nicht gut

„Es saust der Stock, es schwirrt die Rute.
Du darfst nicht zeigen, was du bist.
Wie schade, Mensch, dass dir das Gute
im Grunde so zuwider ist“,

dichtete Wilhelm Busch und offenbarte damit, dass er – bei allem Humor, für den er ja so populär geworden ist – eigentlich ein ganz pessimistisches Menschenbild hatte: Das Gute ist dem Menschen zuwider, er tendiert von Natur aus eher zum Bösen. Und muss darum – ja – zum Guten geprügelt werden. Um ihn davon abzuhalten, sein *wahres* Gesicht zu zeigen. Und so wird dann auch in den Bildergeschichten von Busch nach Herzenslust geprügelt – manchmal bis zum Exzess. Alles im Dienste der moralischen Verbesserung.

Die Prügelstrafe war natürlich zur Zeit von Wilhelm Busch eine anerkannte pädagogische Maßnahme und bis weit in die Mitte des letzten Jahrhunderts: Viele von uns werden sich noch an Lehrer oder Pfarrer erinnern, die mit dem Lineal Schülern auf die Finger schlugen oder ihnen das Schlüsselbund an den Kopf warfen.

Heute werden Lehrer abgemahnt, wenn sie handgreiflich werden; im Wiederholungsfall werden sie gefeuert. Und wenn Schüler mit blauen Flecken in die Schule kommen, weil ihre Eltern sie geschlagen haben, steht das Jugendamt auf der Matte.

Die Prügelstrafe ist pädagogisch out. Was aber ist mit dem dazu gehörigen Menschenbild? Ist der Mensch auf einmal „gut“ geworden?

Noch Bertolt Brecht konnte in seiner Dreigroschenoper sagen: „Der Mensch ist gar nicht gut“ – aber Brecht glaubte zu wissen, wer dafür verantwortlich war: die Verhältnisse. „Denn die Verhältnisse, die sind nicht so“, heißt es in dem gleichen Stück.

Die *Bibel* hat dagegen ein eher gemischtes Menschenbild: „Des Menschen Herz ist böse von Jugend auf“, heißt es am Anfang der Bibel (Gen 8, 21). Auf der anderen Seite aber fordert *Jesus* seine Anhänger auf: „Ihr sollt vollkommen sein, wie euer Vater im Himmel vollkommen ist“ (Matth 5, 48). Und *er* hält das offenbar für eine *reale Möglichkeit*!

Aus dem *Struwwelpeter*

Böse Buben

„Es ging spazieren vor dem Tor
ein kohlpechrabenschwarzer Mohr.
Die Sonne schien ihm aufs Gehirn,
da nahm er einen Sonnenschirm“.

Und so weiter. Sie kennen die Geschichte aus dem „Struwwelpeter“ – einem Kinderbuch aus dem 19. Jahrhundert, das noch in unserer Kindheit ernsthaft gedacht war als Warnung vor allem möglichen Fehlverhalten.
In dieser Geschichte von dem „kohlpechrabenschwarzen Mohren“ also sollte Kindern wohl beigebracht werden, dass es nicht schicklich ist, sich über Menschen mit dunkler Hautfarbe lustig zu machen. Da laufen nämlich drei Buben hinter dem Schwarzen her und lachen sich kaputt, weil er „so schwarz wie Tinte sei.“ Und dann kommt natürlich der „große Nikolas mit seinem großen Tintenfass“ und steckt sie alle drei in diese Tinte, und hinterher sind sie alle noch schwärzer als dieser „arme schwarze Mohr“.
Strafe muss sein, sagt uns die Geschichte. Und so schwarz zu sein wie ein Afrikaner, ist eine Strafe. Er selbst kann ja nichts dafür, dass er so schwarz ist, aber es ist schon eine Art Behinderung. Darüber macht man sich nicht lustig. Man müsste eher *Mitleid* mit ihm haben.
Man spürt: Der Autor dieser Geschichte, Dr. Heinrich Hoffmann, und Generationen von Eltern, die ihren Kindern dieses Buch auf den Weihnachtsgabentisch gelegt haben, wollten eine Art höfliche Akzeptanz gegenüber Afrikanern erreichen.

Aber mit was für einem *Menschenbild*? Stellen Sie sich vor, wir würden heute unsern Söhnen sagen: „Über Mädchen macht man sich nicht lustig. Sonst wird man selber eins!“
Vielleicht – hoffentlich! – sind wir heute weiter als Dr. Hoffmann. Aber sind wir schon so weit wie der Apostel Paulus, der mal geschrieben hat:
„Der Unterschied zwischen Sklaven und Freien, zwischen Juden und Griechen, zwischen Männern und Frauen darf bei euch eigentlich keine Rolle mehr spielen. Ihr seid alle eins!“ (Gal 3, 28)

Suppenkaspar

„Ich esse keine Suppe, nein!
Ich esse meine Suppe nicht!"

schreit der Kaspar, der als „Suppenkaspar" in den *Struwwelpeter* eingegangen ist. Und damit unsterblich geworden – obwohl er ja am Ende der Geschichte *stirbt.* An Abmagerung. Weil er eben seine Suppe nicht essen will. Und weil seine Eltern ihm nichts anderes anbieten als immer wieder diese Suppe.
Diese Geschichte aus dem Kinderbuchklassiker des 19. Jahrhunderts hat generationenlang dazu gedient, Kinder vor den Folgen zu warnen, wenn sie das ihnen aufgetischte Essen verweigerten.
Heute versuchen besorgte Eltern im Falle eines kindlichen Hungerstreiks eher, moralischen Druck auszuüben („Denk an die Kinder in der Dritten Welt; die würden sich freuen, wenn sie das zu essen bekämen!") oder einfach ihre Macht auszuspielen: „Solange du deine Füße unter meinen Tisch stellst, isst du das, was auf den Tisch kommt!"
Als Vater von inzwischen erwachsenen Söhnen weiß ich, wie frustrierend das sein kann, wenn Kinder manchmal auch *das* nicht essen wollen, was man mit Liebe und Fantasie zubereitet hat. Und weiß auch, wie berechtigt die Sorge ist, mit der manche Eltern die Ess-Störungen ihrer pubertierenden Töchter beobachten.
Das Essverhalten von Kindern ist nicht erst seit dem „Suppenkaspar" ein Thema. Und es gibt bis heute keine Patentlösung für Eltern. Die Lösungen sind so verschieden wie die Kinder. Darum braucht jede Familie ihre *eigene* Fantasie.

Gepaart mit der Liebe zu jedem einzelnen Kind. Bei der Bitte im Vaterunser „Unser tägliches Brot gib uns heute" geht es ja nicht nur um notwendige Nahrungsaufnahme. Es geht um das *Leben* und die *Freude* am Leben und alles, was für beides notwendig ist. Und dann ist manchmal *weniger* essen *mehr*!

Zappel-Philipp

„Ob der Philipp heute still
wohl bei Tische sitzen will?"

fragt der Vater in der Geschichte vom Zappel-Philipp im „Struwwelpeter". Weil der Philipp schon damals genau so wenig bei Tisch still sitzen konnte, wie all die Zappel-Philippe und -Philippinen *heute* – die natürlich ihren Namen von ihm haben. Damals wusste man noch nichts von „hyperaktiven" Kindern oder gar ADS-Geschädigten, wie sie heute heißen. Und es wurde auch keinem Kind Ritalin verordnet – nur mit dieser Geschichte gedroht, die ja bekanntlich so ausgeht, dass der Zappel-Philipp mit all seinem Zappeln schließlich umkippt und das Tischtuch und alles, was darauf steht, mit sich zieht.
Am Ende ist der Tisch kahl; Philipp liegt unter der Tischdecke wie unter einem Leichentuch – *„und die Mutter blickte stumm auf dem ganzen Tisch herum"*.
Das tat sie aber schon vorher; der Philipp konnte nichts dafür.
Die Frage des Vaters vom Anfang ist natürlich nur rhetorisch. Er weiß aus Erfahrung, dass ein Junge in diesem Alter nur schlecht still sitzen kann – und schon gar nicht bei einer so langwierigen und langweiligen Veranstaltung wie dem gemeinsamen Familienessen.
Es mag sein, dass Kinder heute noch unruhiger sind und sich noch weniger konzentrieren können, als Kinder im 19. Jahrhundert. Aber Veranstaltungen, bei denen man länger still sitzen muss, sind nun mal nichts für Kinder. Darauf nimmt auch moderner Schulunterricht in der Grundschule Rücksicht, bei dem die Kinder sich in der Klasse frei bewegen können.

In der Bibel gibt es eine Grundregel, wie die Christen damals miteinander umgingen: „Jeder bekam das, was er nötig hatte" (Apg. 2, 45). Das ist auch eine gute Regel für das Zusammenleben in der Familie. Weil Kinder mehr Bewegung und mehr Spielraum brauchen als wir Erwachsenen, sollten wir ihnen das zugestehen. Und nicht drohen - oder stumm auf dem ganzen Tisch herumblicken.

Paulinchen

*„Paulinchen war allein zu Haus,
die Eltern waren beide aus...“*

beginnt eine von den Geschichten im „Struwwelpeter“, die dann tragisch endet: Besagte Pauline verbrennt jämmerlich. Die Eltern hatten dummerweise die Streichhölzer in Reichweite des Kindes stehen lassen. Und das Mädchen – im Alter, wo man noch auf Entdeckungen aus ist – wollte diese Streichhölzer natürlich ausprobieren. Kein Erwachsener war in der Nähe; nur die beiden Katzen Miez und Maunz hoben drohend ihre Pfoten und mahnten: „Der Vater hat's verboten, die Mutter hat's verboten!“ Aber welches Kind hört schon auf Katzen?

Der Arzt Heinrich Hoffmann hat diese Geschichte in sein Kinderbuch „Der Struwwelpeter“ aufgenommen, um Kinder zu warnen, was passiert, wenn man den Eltern nicht gehorcht. Auf die Idee, die *Eltern* zu ermahnen, ist er nicht gekommen: Dass man nämlich ein kleines Kind nicht längere Zeit allein zu Hause lässt. Und dass man, wenn sich das mal nicht vermeiden lässt, dann nicht die Streichhölzer oder scharfen Küchenmesser frei herumliegen lässt.
Und vielleicht – aber da bewegen wir uns schon im 20. Jahrhundert – hätte er auch den Eltern vorschlagen können, mit dem Mädchen mal den verantwortlichen Umgang mit den Zündhölzern zu üben. Es geht also in dieser Geschichte nicht einfach darum, wie wichtig es ist, gehorsam zu sein, sondern vielmehr um die Frage, wie Eltern ihre Kinder sinnvoll in die Welt mit ihren Rätseln und Gefahren hineinführen können.

In der Bibel fordert der Autor des Epheserbriefs die Eltern auf „Reizt eure Kinder nicht zum Zorn!“ (Eph 2,4) Man könnte auch frei übersetzen: „Mutet ihnen nicht mehr zu, als sie bewältigen können“. Weil er wusste, dass es in der Hand der Eltern liegt, wie Kinder auf die Welt zugehen.

Der Daumenlutscher

"Konrad!" sprach die Frau Mama,
"ich geh aus, und du bleibst da.
Sei hübsch ordentlich und fromm,
bis nach Haus ich wieder komm.
Und vor allem, Konrad, hör!
Lutsche nicht am Daumen mehr"

Denn sonst kommt der Schneider mit der großen Schere und schneidet den Daumen ab. Und das *passiert* natürlich auch in dieser Geschichte aus dem „Struwwelpeter“: Kaum ist die Mutter aus der Tür, steckt der Konrad den Daumen in den Mund. Und der Schneider, der offenbar schon hinter der Tür auf seinen Auftritt gelauert hatte - vielleicht sogar von der Mutter bestellt war!, – kommt herein gesaust und schneidet erbarmungslos gleich *beide* Daumen ab. Damit ein für alle Mal Schluss ist mit dem Daumenlutschen. Eine grausige Geschichte. Als Warnung für Kinder gedacht, die nicht freiwillig das Daumenlutschen lassen können: Wer nicht hören kann, muss fühlen!
Alle Eltern wissen heute, dass Daumenlutschen bis zum Alter von drei Jahren eine normale und harmlose Erscheinung ist, dass es danach aber, wenn es anhält, zu möglichen Missbildungen des Oberkiefers führen kann. Also tatsächlich u. U. nicht ganz unproblematisch ist. Aber sie wissen auch, dass es mit Verboten, Drohungen und Strafen überhaupt nicht getan ist.
Ganz wichtig ist die Frage, ob dem Kind etwas fehlt, was es sich durch das Daumenlutschen dann selbst holt: z.B. ein Sicherheitsgefühl. Etwas, das ihm vielleicht die Eltern bisher nicht ausreichend vermittelt haben. Diese Möglichkeit fehlt in der Geschichte von Heinrich Hoffmann völlig. Ihm geht es nur ums Gehorchen.

In der Bibel wird Gott manchmal mit einem Vater verglichen, der „sich über seine Kinder erbarmt“ (z.B. Ps 103, 13). Dazu gehört, dass er sich in ihre Lage versetzen kann. Und sich Gedanken macht, was ihnen vielleicht fehlt.

Der böse Friederich

Der Friederich, der Friederich,
das war ein arger Wüterich!
Er fing die Fliegen in dem Haus
und riss ihnen die Flügel aus.

Katzen und Vögel quälte er. Und seine Schwester Gretchen schlug er mit der Peitsche. Eine reine Gewaltorgie, diese Geschichte aus dem „Struwwelpeter".
Dem bösen Friedrich wird erst dann Einhalt geboten, als ein von ihm geschlagener und getretener Hund zurückbeißt. Friedrich wird daraufhin vom Arzt ins Bett geschickt, und sein Essen, das bereits für ihn vorbereitet auf dem Tisch stand, isst nun genüsslich der Hund.
Diese Geschichte, in der merkwürdigerweise keine Erwachsenen vorkommen, die gegen die Gewalt des Jungen einschreiten, ist eine der Geschichten aus dem „Struwwelpeter" des Arztes Heinrich Hoffmann, die dem Menschenbild des 19. Jahrhunderts verhaftet sind. Sie sagt zwar: Gewalt erzeugt letztlich Gegengewalt. Sie sagt aber auch: Gewalt ist nur mit Gegengewalt zu stoppen. Und da können wir Hoffmann nicht einfach folgen.
Dafür haben wir im vergangenen Jahrhundert zu oft das Gegenteil erlebt: in der Bürgerrechtsbewegung von Martin Luther King, in der Volksbewegung in der DDR, die zum Fall der Mauer führte, in der Überwindung der Apartheid in Südafrika durch die Versöhnungspolitik Nelson Mandelas.

In der Geschichte vom bösen Friederich macht niemand auch nur den *Versuch*, ihn gewaltfrei von seinem Verhalten abzubringen. An King, Mandela und der Volksbewegung in der DDR leuchtet das Paulus-Wort auf: „Lass dich nicht vom Bösen überwinden, sondern überwinde das Böse mit Gutem" (Röm 12, 21). Gewalt mag zwar mit Gewalt *beantwortet* werden, aber *überwunden* wird sie nur durch Gewaltfreiheit.

Hans Guck-in-die-Luft

Wenn der Hans zur Schule ging,
stets sein Blick am Himmel hing...
Also dass ein jeder ruft:
"Seht den Hans Guck-in-die-Luft!"

Und dann kommt es, wie es kommen muss: Erst stolpert Hans über einen Hund, dann stürzt er schließlich in einen Fluss, weil er gerade wieder in den Himmel gestarrt hat. Aber – und das ist ungewöhnlich an dieser Geschichte aus dem „Struwwelpeter“: Er *ertrinkt* nicht! In den meisten anderen Geschichten dieses Buches werden den Kindern, die nicht gehorchen, die Daumen abgeschnitten oder sie verhungern oder sie verbrennen. Und einer wird vom Winde auf Nimmerwiedersehen verweht. Immer nach der Devise der damaligen Pädagogik: Wer nicht hören will, muss fühlen!

In der Geschichte vom Hans Guck-in-die-Luft dagegen gibt es *Rettung*: Zwei Männer fischen Hans mit langen Stangen aus dem Wasser. Und da steht er nun, kalt und klitschenass – aber er *lebt*! Und kann aus dieser Erfahrung etwas lernen. Das konnten die Verbrannten, Verhungerten und Verstümmelten nicht.

Ich weiß nicht, was den Autor Heinrich Hoffmann bewogen hat, diesem Kind eine zweite Chance zu geben. Vielleicht war er *selbst* einmal ein solcher Hans Guck-in-die-Luft und hat selbst diese Erfahrung gemacht, dass jemand ihn gerettet hat oder ihm großzügig seine Unachtsamkeit verziehen hat.

Dass man einen andern, der sich unachtsam oder einfach dumm verhalten hat, nicht einfach seinen Fehler büßen lässt, sondern ihn, wenn nötig, aus dem Wasser zieht, ist einer der Grundzüge des menschlichen Miteinanders in der Bibel. So wie in der Geschichte vom Verlorenen Sohn der Vater dem Sohn, der gerade die Hälfte des vom Vater sauer verdienten Vermögens durchgebracht hat, entgegenläuft, ihn in die Arme schließt – und ihm vergibt (Luk 15, 11 – 32). Gnade vor Recht – auch das ist Rettung.

Unser Zuhause

Ein Zuhause haben

Ein großes Möbelhaus wirbt mit dem Slogan „Leben Sie schon oder wohnen Sie noch?“ Ganz so, als sei „Leben“ eine höhere Entwicklungsstufe als das bloße „Wohnen“. Wenn man aber drüber nachdenkt, merkt man schnell, dass das gar nicht stimmt. Denn Wohnen bedeutet, ein Zuhause haben. Und wer möchte ohne ein Zuhause leben? Dabei spielt es keine Rolle, ob es sich um eine Mietwohnung oder ein Eigenheim handelt: Wir brauchen einen Ort, wohin wir gehören. Man muss nicht Opfer eines Tsunami sein, um das zu wissen.
Ich möchte in dieser Woche einmal unser Zuhause näher ansehen. Möchte durch die verschiedenen Räume gehen und darüber nachdenken, wie sie unser Leben einrahmen und ihm Gestalt geben.
Zuhause essen wir, schlafen, kochen, reinigen und entspannen uns, bewahren Wichtiges auf usw. – und meistens haben wir dafür bestimmte Räumlichkeiten.

Als der Wanderprediger Jesus über seine Lebensweise sagte: „Die Füchse haben Höhlen, und die Vögel haben Nester; aber wir haben keinen Ort, an dem wir uns ausruhen könnten“ (Luk 9, 58), da feierte er diesen Zustand nicht als romantische Ungebundenheit, sondern empfand ihn als Mangel, als Heimatlosigkeit. Er warnte davor, sich leichtfertig darauf einzulassen.
Da überrascht es nicht, dass dieser Jesus sich das ewige Leben als Leben in einer *Wohnung* vorstellte, nicht in einem Paradies-Garten: „In meines Vaters Hause sind viele *Wohnungen*. Ich gehe voraus, um dort einen Platz für euch vorzubereiten“ (Joh 14, 2). In diesem Sinne hat das wohl auch der Dichter Novalis gemeint, wenn er sagt: „Wohin gehen wir eigentlich? Immer nach Hause!“

Das Wohnzimmer

Im Wohnzimmer, von der Sitzkombination aus, da hat man gewöhnlich freie Sicht auf den Fernseher. Ausgerechnet der Ort in unserer Wohnung, wo wir am meisten bei uns selbst sind und uns am meisten „zuhause" fühlen – also wo wir uns hinfläzen, die Füße hochlegen und den lieben Gott einen guten Mann sein lassen – das ist zugleich der Ort, wo wir der Welt ganz nahe sind. Denn das Fernsehen bringt uns die Welt ins Wohnzimmer. Wo wir am meisten zuhause sind, sind wir zugleich am nächsten an der Welt dran.

Wir können, wenn wir wollen, auf dem Sofa überall dabei sein: ob bei der Katastrophe im fernen Japan oder beim Fußball-Länderspiel. Zumindest vermittelt das Fernsehen uns diesen Eindruck.

Manchmal vergessen wir allerdings, dass das, was uns vor Augen geführt wird, immer nur eine Auswahl ist. Die *andere* für uns getroffen haben – nach Gesichtspunkten, die ganz unterschiedlichen Interessen dienen können. Und wir verwechseln das, was wir zu *sehen* bekommen, mit dem, was *wirklich* ist. Oder gar: „*wahr*"!

Manchmal kommen uns sogar *Nachrichten* so vor, dass sie uns vor allem unterhalten sollen – die Information steht erst an zweiter Stelle. Und das heißt dann auch bezeichnenderweise „Infotainment"!

Der amerikanische Medienwissenschaftler Neil Postman hat davor gewarnt, dass wir uns mit dem Fernsehen möglicherweise „zu Tode amüsieren", weil unsere eigene Urteilskraft betäubt wird. Die sollten wir uns allerdings bewahren. Die eigene Urteilskraft – in der Bibel nannte man das die Fähigkeit, „die Geister zu unterscheiden" (1. Kor 12, 10).

Die Küche

Als das einsame Reich der Hausfrau war sie einmal entworfen: die Küche. („Raus aus meiner Küche!“, hörte Mann manchmal). Heute finden dort geradezu revolutionäre Veränderungen statt: Statt weiß und kunstharzversiegelt oder edelstählern, kommt heute wieder Holz in die Küchen. Und Sessel und Sofas. Und sogar Bücherregale: Man kann in der Küche lesen oder in der Bibliothek kochen, ganz nach Geschmack.
Nur: Kocht eigentlich noch jemand? Nach jüngsten Umfragen schrumpft die Zahl der regelmäßigen Zuhause-Esser ständig. Und auch die lassen sich, wenn es überhaupt gemeinsame Mahlzeiten gibt, öfter mal was von der Pizzeria oder vom Chinesen bringen.
Aber auch wenn das Kochen seltener wird: In der Küche – und beim dazugehörigen Einkauf – fallen immer noch die grundlegenden Entscheidungen darüber, was wir zu uns nehmen und damit im übertragenen Sinn, wer wir sind. Weil: „Der Mensch ist, was er isst“. Recht hatte der Philosoph Ludwig Feuerbach. Man muss das nur nicht wörtlich nehmen, aber drüber nachdenken. Zum Beispiel: Menschen, die sich vegetarisch ernähren, sind nicht „bessere“ Menschen als andere, leben aber *bewusster* im Umgang mit ihren Mitgeschöpfen. Unser Kühlschrank verrät uns.

Jedes Mal, wenn wir Essen einkaufen und zubereiten, fällen wir Entscheidungen, ob wir fair und nachhaltig und gesund leben wollen oder billig, bequem und rücksichtslos. Was wir essen, macht uns zwar nicht „rein“ oder „unrein“ (Mt 15,11), aber es sagt eine Menge darüber, wer wir sind.

Das Schlafzimmer

Es ist so etwas wie die Unterwäsche unserer Wohnung: Besucher lassen wir es so gut wie nie sehen - das Schlafzimmer. Nicht nur, wenn die Betten nicht gemacht sind. Was in unserm Schlafzimmer passiert, geht einfach keinen andern etwas an. Heute lieben sich Paare zwar auch auf dem Sofa oder auf dem Teppich im Wohnzimmer, aber die meisten der Älteren sind vermutlich noch im Schlafzimmer gezeugt worden.
Ein alter Mann erzählte von seinem Schlafzimmer: „In diesem Zimmer sind meine vier Kinder empfangen und geboren worden, meine Frau ist hier gestorben, und ich hoffe, hier sterben zu dürfen“[7]. In diesem Schlafzimmer kamen Leben und Tod ganz selbstverständlich zusammen – so, als ob sie zueinander gehören. Heute wird immer weniger im eigenen Bett gestorben.
Dafür natürlich umso mehr geschlafen. Das Schlafzimmer ist unser Rückzugsraum, unser Schlaf die Zeit, wo wir mal für nichts und niemand anders verantwortlich sein müssen. Wo wir loslassen können. So wie das Mathias Claudius in seinem wunderbaren Lied „Der Mond ist aufgegangen“ sagt: Die nächtliche, vom Mond beschienene Welt wird ihm zu der „stillen Kammer, wo ihr des Tages Jammer verschlafen und vergessen sollt“.

Schlaflose Menschen wissen, was für ein Geschenk so ein gesunder Schlaf, so ein Loslassen-Können ist. Für die Psalmen in der Bibel war solch ein Schlaf geradezu ein Ausdruck des Gottvertrauens. Dort heißt es: „Es ist umsonst, dass ihr früh aufsteht und hernach lange sitzet und esset euer Brot mit Sorgen; denn den Seinen gibt’s der Herr im Schlaf“ (Ps 127, 2).

[7] Aus: Herlinde Koelbl, *Schlafzimmer*, München 2002

Das Bad

Vielen von uns ist das Badezimmer der vielleicht intimste Raum ihres Hauses, in dem sie am liebsten mit sich allein sind. Das war nicht immer so. Die alten Römer z. B. badeten in öffentlichen Badehäusern und saßen in Reihen auf der Toilette, um sich unterhalten zu können. Überhaupt: Unser Interesse an Körperhygiene ist eine relativ moderne Erscheinung.
Jahrhunderte lang hielten Christen häufiges Waschen für Eitelkeit. Noch Königin Elizabeth I im 17. Jahrhundert badete *ein Mal im Monat* – „ob sie es nötig hatte oder nicht“, wie damals gesagt wurde. Und die Mutter von Karl Marx gab ihrem Sohn, als er 1830 zum Studium ging, den Rat, sich *jede Woche ein Mal* mit Schwamm und Seife zu reinigen.
Viele unserer heutigen Bäder haben gleich *vier* Möglichkeiten, sich zu waschen: ein Waschbecken, eine Badewanne, eine Duschkabine und ein Bidet. Das sagt eine Menge über unser modernes Bedürfnis, sauber zu sein. Fast noch wichtiger aber ist etwas ganz Anderes in unserem Bad: der Spiegel.

In diesem Spiegel begegnen wir uns selbst. Morgens müssen wir uns als erstes selbst in die Augen blicken können – oder am Tag vorher ist etwas geschehen, für das wir uns schämen. Und vor dem Spiegel machen wir uns so zurecht, wie wir wollen, dass die anderen uns wahrnehmen. Selig, wer mit Matthias Claudius beim morgendlichen Blick in den Spiegel sagen kann:

„Ich freue mich, dass ich bin (wie ich) bin,
und dass ich dich, schön's menschlich Antlitz habe“.

Das Kinderzimmer

„Kindheit“ als eigenständige Lebensphase ist eine Erfindung des 19. Jahrhunderts; Kinderrechte wurden erst 1959 entdeckt. Dementsprechend ist ein separates Kinderzimmer in der Wohnung eine relativ neue Erscheinung. Mit der „Entdeckung“ des Kindes wurde aber auch gleich massiv von den Erwachsenen in die Kindheit eingegriffen, wie der jahrzehntelange Bestseller „Der Struwwelpeter“ uns das so anschaulich zeigt: Mit Drohungen und Strafen wurde Kindern unmissverständlich deutlich gemacht, dass sie sich so bald wie möglich wie kleine Erwachsene zu verhalten hätten: vernünftig, angepasst, gehorsam.

Demgegenüber ist das eigene Zimmer für Kinder ein Fortschritt. Es ist ihr eigener Bereich, in dem andere Regeln gelten als am gemeinsamen Esstisch. Nämlich ihre eigenen. Oder gar keine. Was natürlich in vielen Familien ein Anlass zum Konflikt ist. Denn wie ist das z.B. mit dem Aufräumen? Soll man das den Kindern auch selbst überlassen? Mit der möglichen Folge, dass es dann nicht stattfindet? Und sie unter mehreren Schichten Kleidung auf dem Fußboden ihre Schulsachen gerade dann nicht mehr finden, wenn sie sie dringend brauchen?

Da muss jede Familie ihren eigenen Mittelweg finden. Wer seinen Kindern einen eigenen Verantwortungsbereich zutraut – das Kinderzimmer –, wird hier mit Drohungen und Strafen à la *Struwwelpeter* nichts ausrichten.

Ganz hellsichtig hieß es schon im Epheserbrief in der Bibel: „Ihr Väter, reizt eure Kinder nicht zum Zorn“ (Eph 6,4). Weil das genau das Gegenteil von dem erreicht, was man eigentlich möchte.

Der Speicher

Nicht den in unseren Computern meine ich, sondern den auf dem Dachboden oder im Keller, wenn ich heute über den Speicher spreche.
Obwohl beide eine sehr ähnliche Funktion haben: Sie sind Gedächtnis. Sie verhindern, dass Dinge vergessen werden oder verloren gehen, die wir noch einmal brauchen könnten. Im Englischen ist das Wort für „Speicher“ und „Gedächtnis“ übrigens dasselbe: *Memory*.
Der Speicher auf dem Dachboden (oder im Keller) ist das Gedächtnis unseres Hauses. Auf den Speicher kommen die Dinge, die wir zwar nicht unmittelbar mehr brauchen, die wir aber nicht wegwerfen wollen oder können: Die alten Fotoalben aus der Zeit, als Fotos noch auf Papier gedruckt wurden; die Bücher, von denen wir überzeugt sind, dass wir sie noch mal lesen wollen; die Liebesbriefe unserer Anfänge; die Möbel und Spielsachen unserer Kinder, die eigentlich noch gut genug für die Enkel sind. Und so weiter. In den Dingen auf dem Speicher ist unsere Geschichte mit ihren Erinnerungen präsent.
Dort zu stöbern, kann uns aber auch mit Wehmut füllen. Weil der Speicher uns eben auch daran erinnert, was alles *vergangen* ist. Das, was wir einmal hatten oder waren –und jetzt eben *nicht* mehr. Der Speicher erinnert uns nicht nur an unsere Vergangenheit, sondern auch an unsere *Vergänglichkeit*. Obwohl er ja eigentlich unser Versuch ist, das, was uns wichtig ist, festzuhalten. Also vor der Vergänglichkeit zu bewahren – und selbst bewahrt zu werden.

Wir können nichts wirklich festhalten. Aber darauf vertrauen, dass es trotzdem *aufgehoben* bleibt. Wie es im Buch des Predigers in der Bibel heißt: „Gott holt wieder hervor, was vergangen ist“ (Koh 3, 15).

Printed by Books on Demand GmbH, Norderstedt / Germany